Farm to Table

浅野悦男・成見智子 著

シェフが愛する百姓・浅野悦男の365日

エコファーム・アサノにて（左から樋口敬洋シェフ、浅野悦男、生江史伸シェフ）

ヤマガタサンダンデロ（東京・銀座）にて（左から奥田政行シェフ、浅野悦男）

ルッコラ・セルバチコの花

カラフル大根

イタリアンパセリの蕾

スティックトップ

ミニサイズで出荷するカブ

黒い大根

ファーベ

食用花を詰め合わせる

レタス

春の畑と作物

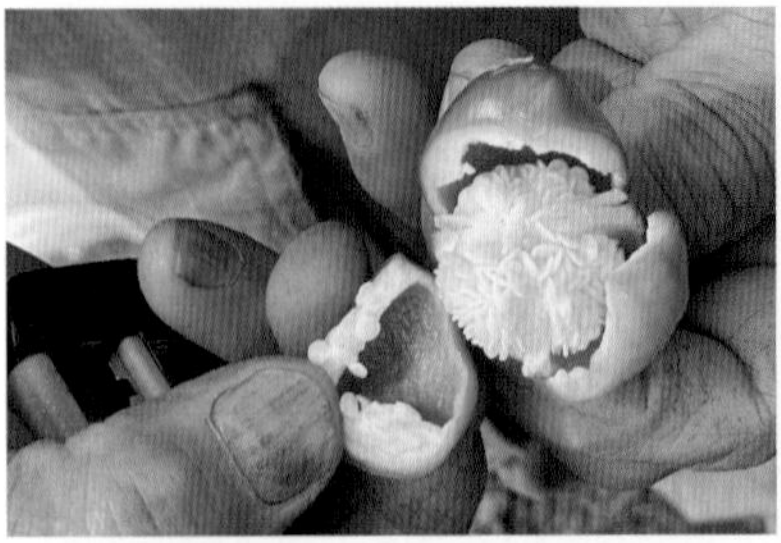
種も美味なティンカーベル

ペンタス

ビキーニョ

マロウ

マロンポテト（右下）

ペペロンチーノ

スイカ

ライムホルン

スペアミント

夏の畑と作物

赤ねぎ

冬に向けて生長中のちぢみほうれん草

ジュニパーベリー&いちじくの葉

落花生

ミルトの葉

ナスとバターナッツカボチャ

ニンジンの種まき

ベゴニア

ネピテッラの収穫

秋の畑と作物

紫ブロッコリー

コウサイタイ

ときにはこんなニンジンも

黄色ニンジンを収穫

ファーベの葉

コウサイタイを収穫

実は根が美味いパクチー

冬の花のハウス（プリムラ）

冬の畑と作物

雨水を溜める溝

落花生のぼっち積み

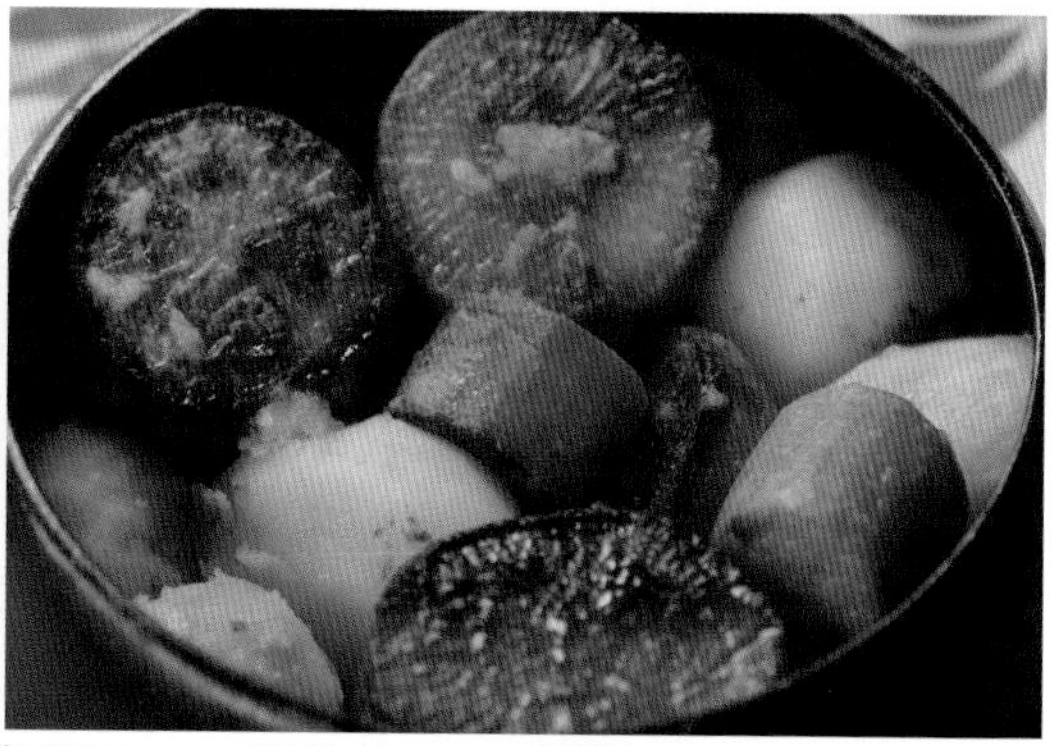

サローネグループの樋口シェフ、東江和馬シェフ、斉藤類シェフが
テストキッチンで作ったパスタと焼き野菜

奥田シェフが浅野のために作った料理。ビネガーでしめたアジと食用菊と栗の辛子和え（左）、
野草と野菜のペペロンチーノ。メナモミ、野蒜、ヤマトトウキなどの野草を使用

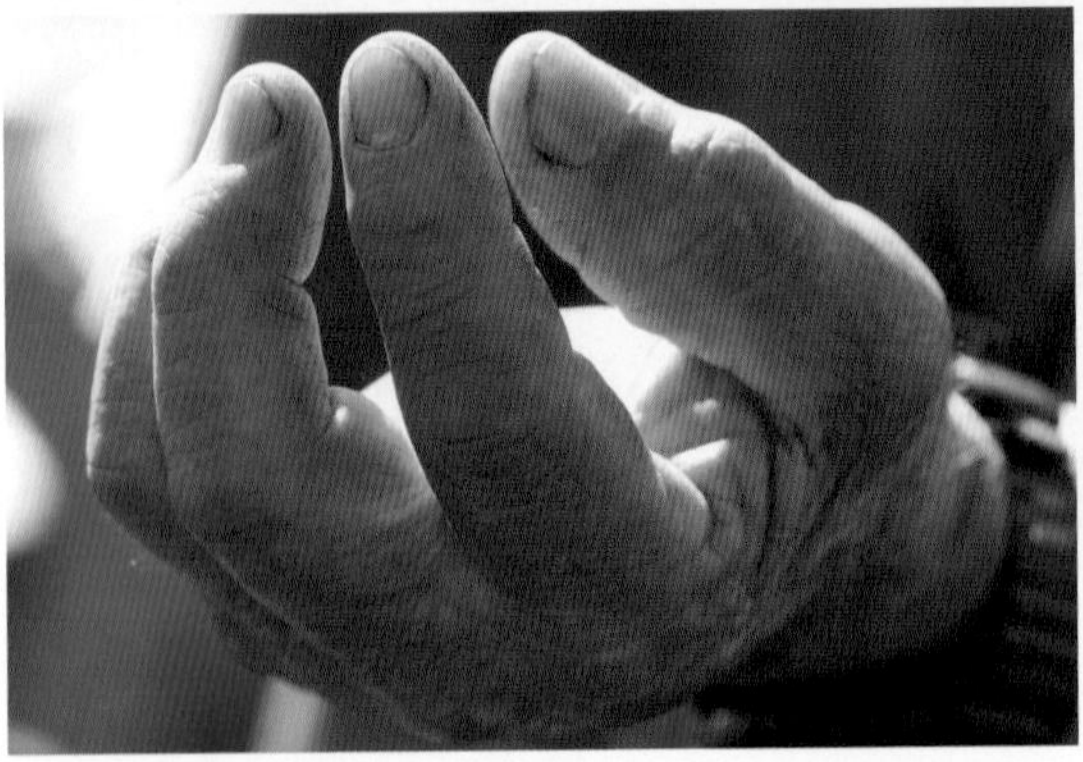

Farm to Table シェフが愛する百姓・浅野悦男の３６５日　【目　次】

夏——灼熱のとき　80

秋——練熟のとき　120

冬――深穏のとき 171

はじめに

喜寿の男の鋼の身体

迷彩柄のベストに、黒いベレー帽。はき古したデニムのウエストには、髑髏《どくろ》を象ったバックルが光る。胸元には、鋭く尖った鹿角のアクセサリー。２０２１年秋、千葉県八街市《やちまたし》の農場を初めて訪れたときの、浅野悦男さんのいでたちだ。

齢《よわい》77（当時）。小柄だが、精悍でがっしりとした体軀。17歳から60年以上、下総《しもうさ》台地の黒《くろ》ぼく土《ど》に鍛えられただけのことはある。土の上に立っているだけで、その鋼のような身体から底知れぬエネルギーが伝わってくる。

浅野さんが営む2・5ヘクタールの農場は、「シェフズガーデン エコファーム・アサノ」（以下、エコファーム・アサノ）と名付けられている。その名の通り、レストラン向けの野菜を作っている農場だ。野菜やハーブだけでなく、食べられる花や木の葉など、年間100品目以上を出荷している。スーパーでは見かけることのない、珍しい姿をした葉物が旺盛に茂っていたり、同じ品目でも色や形がまったく違う多品種の実物《みもの》が生っていたり、どこからともなく花やハーブが香ってきたりと、折々に多彩な表情を見せてくれる。

縦横無尽に畑を歩き回る浅野さんは、その場でさまざまな野菜やハーブを枝からポキッと折り取り、土の中から根菜をすうっと引き抜き、収穫した花の蕾《つぼみ》をナイフで器用に切り取って差し出す。土のついた手のひらの上の草花や実は、初めて見るような色かたちをしていたり、見たことはあっても食べようとは思っていなかったりするものばかりだ。どの季節に、何度訪れても、この農場には「普通」や「当たり前」というものがない。

大根とカブの畑には、大きさも、形も、色も違うものが10品種以上育っている。赤、白、黄、緑、朱色。真っ黒なものもある。それぞれに適した調理法や用途があり、贔屓のシェフも違う。

直径5センチメートル近くある、極太のリーキ（西洋長ネギ）。土のついた外側の葉を取り除いた瞬間、真珠のように白く艶やかな肌がのぞく。「手羽元と一緒に煮込むと美味いよ」と浅野さんは相好《そうごう》を崩す。

夏場には、無数のトウガラシ類がカラフルで艶やかな姿を現す。数千種あるといわれるなかから、浅野さんは毎年聞いたこともないような名前の品種を入手しては、嬉々として栽培に挑む。スーパーでもよく見かける「パプリカ」もあるが、通常は全長10センチくらいになったら収穫するところを、3センチで採ってしまう。そんなサイズで出荷する農家は、これまで見たことがない。

花は、食用花として専用に育てるものもあるが、ハーブや野菜の花も商品だ。たとえば、オクラの花。花びらが貝殻のように巻いていることから浅野さんは「シェルフラワー」という商品名を付けている。結実する前の花の状態で採ってしまうため、一般に「オクラ」として認知されている実は出荷していない。

こんなものがあったのか！　店頭ではめったに見ることのない野菜や花を口に入れた瞬間に感じるのはそんな驚きと、自分の想像のはるか上をいかれる見事な〝裏切られた感〟だ。通路の端っこでおとなしそうに咲いているルッコラ・セルバチコの花をひとつ摘んで食べてみる。直径3ミリメートルにも満たない花弁一枚一枚から放たれる野性味あふれる香りが、鼻腔を突き抜けていく。なんの変哲もない黒ナスの幼果をちぎってかじったら、これは本当にナスなのかと疑いたくなるほどの甘みと、果物を食べたときのようなみずみずしい食感が口中を満たす。芯は強いけれど繊細で、決して押し付けてこない。それが浅野さんの味なのかもしれない。

次々と押し寄せてくる驚きを甘受するうち、身体中が沸き立つように興奮してくるのがわかる。かつてないような味覚と、言いようのない幸福感。それをもっと感じたいと欲する自分の脳と身体が、五感を解き放っていく。

いったい何をしたら、こんなに色彩豊かで滋味深い野菜ができるのだろう。そんなことを考えつつニンジン畑に立つと、優しい土の感触とともに、靴先が吸い込まれるように沈んでいく。しなやかな根が、ふかふかの土の中を深くまっすぐに下りていくイメージが脳裏に浮かぶ。

ふかふかの土、というと、有機肥料をたっぷり含んだ栄養豊かな土をイメージする人は少なくないだろう。けれど、浅野さんはこれといった特別な肥料を使っているわけではないし、そもそも自身の畑が有機栽培であるとは一度も言っていない。それどころか、畑の土壌診断の結果は「栄養失調状態」なのだと、涼しい顔で言うのだ。

「それでいいの。植物に、栄養なんていらないんだよ。みんな土づくりが大事だってよく言うけど、土なんて作れないじゃん」

謎かけのような言葉に、最初はただ首をひねったものだ。

2年近くにわたる取材を振り返ってみると、「今日はこれを聞いてみよう」と準備して農場に行ったことは一度もなかった。なにげない会話から、浅野さんの話はどんどん広がっていって、次々に脱線し、蛇行し、拡散していく。けれどそれを抑えようとしたことはない。しようとしたってできない。浅野さんがその時々に心の赴くまま繰り出す言葉を聞いていると、いずれどこかのタイミングで、すべてが有機的につながっていくような感じがしていた。

農場でやることといえば、一緒に畑を歩き、野菜やハーブを摘み、納屋の中で手づくりの昼ご飯をごちそうになったり、おやつをつまんだり。その間、浅野さんはほとんどずっとしゃべっている。生物と物理と地理と地学と歴史と政治経済と心理学と家庭科とエンターテインメントをごちゃまぜにしたような話だ。納屋を出ると、もうとっぷり日が暮れていることもあった。

何度も畑に通ううち、「植物に栄養なんていらない」という言葉の意味もだんだんわかってくる。ヨーロッパ、中東、アフリカ、南米、アジア。どこが原産の野菜であっても八街の畑で育ってしまうのはなぜなのか。「栄養」よりも「ミネラル」、そして「ふるさとに近い環境」を与えるほうが、植物にとってずっと大事なことだと浅野さんは知っているからだ。

官能という名のビタミン剤

浅野さんは常時、数十軒のレストランと取引をしているが、単に注文を受けて発送するという関係ではない。新規で取引する際は、メッセージや電話のやり取りだけで野菜を送ることはない。浅野さんの野菜が欲しいというシェフには、「まずは農場に来てください」と声をかけている。

農場入口にある納屋には、「テストキッチン」と呼ばれるミニキッチンとテーブルセットが設えられている。めぼしい野菜と出会ったシェフがすぐに料理のイメージを形にできるようにするためだ。壁には、農場を訪れた人たちと一緒に写した写真が額に入れて飾られている。たとえば、２０１０年に日本人シェフとして初めてフランス芸術文化勲章を受賞した「KEISUKE MATSUSHIMA」（フランス・ニース）の松嶋啓介氏や、「銀座レカン」の元総料理長で「ギンザトトキ」オーナーシェフの十時亨《ととき とおる》氏。長年ミシュランの星を維持しているピエール・ガニェール氏や、「世界一のレストラン」と評され、京都では一人12万円のコース料理をふるまった「noma」（デンマーク・コペンハーゲン）のレネ・レゼピ氏など世界に名だたるシェフの顔もある。テレビ番組の取材で訪れたタレントの写真もあった。

そうした写真と同じくらい目を引くのが、篠山紀信氏撮影のヌードカレンダーだ。なぜ仕事場にこれを貼るのか？

「これは爺さん（自称）のビタミン剤だから」と、浅野さんは楽しそうに笑う。まったく衒《てら》うことのないその姿を見て、なぜか腹にすとんと落ちるものがあった。単なる農作物としての野菜ではなく、官能で味わうに値する野菜をこの人は追求しているのだろう。そんなふうに勝手に解釈したからだ。

実際、ネットがここまで普及する前まで、浅野さんの日課は季節ごとのファッション雑誌を熟読、いや熟視することだった。トレンドのカラーは何か。デザインや素材はどうか。直線なのか、曲線なのか。長いのか、短いのか。そんなことを研究しながら、作付けする野菜の品種や花の色の参考にするのだという。

「レストランは、非日常の空間なんだ。店を選ぶのは女性だよ。だから女性の心理を研究しないと。ファッションの要素の中でも、色は特に大事だね。自分が着ている服と同じ色や風合いの花が料理に入っていたら、女性はどう感じるか。色仕掛け、って言葉があるだろう?」

心躍らせ、非日常の特別な空間に足を踏み入れる女性たちの心を、浅野さんはもう何十年も研究しているのだ。

語りかけてくる野菜

10代の頃から本格的な料理を父親に習っていたという浅野さんは、収穫した野菜をどうやって食べるか、いつも山ほどのアイデアを話してくれる。家に帰ると、私は農場から持ち帰った野菜でそのアイデアのいくつかを試したり、自分のイメージを実践してみたりする。それが、再びの幸福感をもたらしてくれる。

たとえば、冬越しした大根が春に開花し、そのあとにできる種莢《たねさや》。「大根おろしの代わりに使えるだろう?」と浅野さんは言う。たしかにできたばかりのやわらかい種莢は、ピリッとして若い大根の味がする。サラダに入れたり、和え物にしたり、焼き魚にトッピングしたり。洋風にするときは、オイルやバターでソテーした魚に付け合わせる。ピクルスを作ることもある。

「ファーベ」と呼ばれるイタリアのソラマメは、生やボイルで楽しんだあと、浅野さんの真似をしてペーストを作る。味付けは、塩をちょっとだけ。素材のまろやかさや甘みを最大限に味わいたいので、作るたびに塩の量は減っていく。ペーストをバゲットにたっぷり塗ったら、おろし器でチーズを粗く削って上からかける。白ワインと合わせるときは、エビのアヒージョを作ってトッピングしたりもする。次はどう料理しようか、何を組み合わせようか、これもいいんじゃないか、あれもいいんじゃないか……。あれこれ考えているうちにあっという間にシーズンは終わってしまう。けれどその名残惜しさこそ、食の要《かなめ》になる部分ではないかと感じる。

ナスやトウガラシ類などは、グリルしたものに岩塩をぱらぱらと振り、オリーブオイルをかけるだけで食べることも多い。シンプルに調理すればするほど、繊細かつ芯の通った味わいが際立ち、身体に沁みわたっていく。野菜を採ったときの畑の情景や、土の香り、風の音や温度などが次々と脳裏によみがえってくる。食べることが人間の身体と心にとってどれほど大切であるか、野菜たちが全力で訴えてくるのだ。そんなことを繰り返し体験するうち、浅野さんの言葉をどう書き残し、自分が何を伝えていくか、その輪郭が徐々に浮かび上がってきた。

終わりのない「道楽」

２０２３年春、浅野さんはフランスのレストランガイド『ゴ・エ・ミヨ』でテロワール賞を受賞している。受賞の対象となるのは、「その土地の風土や食材、育まれてきた文化に敬意を持ち、料理または食材を通じてその土地の文化や作り手の想いを伝えることを、信念をもって志す料理人または生産者」だという。たまたま受賞直後に農場を訪れたら、浅野さんはこんなことを話した。

「この道楽は面白いなと、あらためて思った。だって、ふつう道楽っていうのは自分しか楽しめないでしょ？　でも野菜作りっていうのは、他の誰かが喜んでくれる道楽なんだ。農業も料理も、仕事だなんて思わないほうがいいね」

その仕事観ならぬ道楽観がうかがえるのが、２０１３年に出演したＮＨＫの「プロフェッショナル 仕事の流儀」だ。番組の最後に「プロフェッショナルとは？」と問われると、

「自分はプロではない」と明言したうえで、浅野さんは自身の農業についてこう語っている。

「まだ終わりがなく、これからもずっと続けていく。これでいいんだ、という意識はない」

何をしたらおいしい野菜ができるか。それは、作り手が日々一心に考え続けることであって、他者が簡単に明文化できることではない。浅野さんが作る野菜には、その60余年の農業人生で磨かれた彼の人格が宿っているのだ。

進化と挑戦の日々

浅野さんは1944（昭和19）年、八街市の農家の分家の長男として生を受けた。本人いわく、幼い頃から、他人と同じことをするのが大嫌いな「ひねくれ者」。空気を読む、ということを一切しなかったため、周りの子どもからは「変わり者」扱いされた。

「百姓の仕事はな、目で見て、手で覚えるんだ」

いちばん影響を受けたという祖父・鷲太郎のこの言葉を胸に刻み、浅野さんは進化と挑戦を続けてきた。地元の農業高校を中退し、17歳で就農。当初は麦と落花生、サトイモを大量生産して市場出荷する農家だったが、活路が見えず、新聞記事などで知った珍しい野菜を次々と試作しては商品化の道を探った。ルッコラが売れたことを機に、フレンチやイタリアンで使えそうな野菜の生産を増やし、大量生産から少量多品目生産へ、市場出荷からレストラン向け出荷へと移行していく。それまで、フレンチやイタリアンのレストランでは輸入業者が提供するヨーロッパ野菜を使うのが当たり前だったが、浅野さんはその常識を変える突破口を大きく開いたのだ。メディアへの露出も増え、その流れはさらに加速した。

彼の存在がもたらした変化はそれだけではない。旧知のシェフたちは、こう口をそろえる。

「料理人が生産者と直接つながり、食材をより広く深く知る機会を得て料理の幅が広がっていく。浅野さんは、その基盤を作った立役者です」

食に関わる業界でよく聞かれるようになった「Farm to Table」（農場から食卓へ）という言葉は、生産者と消費者が物理的に、また概念として近い距離にあり、環境にも配慮したサステナブルな食材を地産地消するというような意味で使われている。従来の物理的な地産地消に加え、生産者と消費者、食の提供者との関係性のあり方までを包含する概念だ。

たとえば、都会で腕を振るっていたシェフが地方の過疎地に拠点を移し、地元の良質な農畜産物や水産物をふんだんに使った料理で土地のテロワールを表現する。そこに全国から人が押し寄せるという事象がいま、日本でも各地で起きている。その源流にいる一人が、浅野悦男なのだ。

きっと何年通っても、浅野さんの言葉や哲学を集約することはできないだろう。でもその終わりのない作業のはじめの一歩を、ここに刻んでみようと思う。第1部では、「爺さん」を自称する浅野さん自身を語り手として、春夏秋冬の畑仕事とそこに乗せる思いを綴る。また、4つのコラムでは、浅野悦男という人間を作り上げた家族や周囲の人たちとのエピソードを紹介する。第2部は、現代に輝く3人のシェフ、『レフェルヴェソンス』エグゼクティブシェフの生江《なまえ》史伸《しのぶ》氏、サローネグループ統括料理長の樋口敬洋《ひぐちたかひろ》氏、『アル・ケッチァーノ』オーナーシェフの奥田政行《おくだまさゆき》氏との対談の記録だ。第一線で活躍する3氏の言葉が、浅野さんがシェフたちに愛される理由を存分に語ってくれるだろう。全編をとおし、人智の及ばない自然と60年以上向き合ってきた一人の百姓の魂に、少しでも触れてもらえることができたら幸いに思う。

第1部

春夏秋冬
浅野悦男の農と食

語り手・浅野悦男

春——萌芽のとき

自然がゴーサインを出す——種蒔き、苗づくり、溝掘り

春は、すべての始まりの季節だ。節分を過ぎた頃から、草木が芽を吹き始める。なぜこの時期に芽吹くのか。地下水位が上がってくるからだ。爺さんは畑仕事を60年やっているから、それがよくわかる。野菜も花も雑草も、水の気配を感じて、深く深く根を伸ばしていく。

その兆しを感じながら、苗づくりや植え付けを始める。トレイに種を蒔いたら、ビニールハウスの中で水分管理をしながら発芽を待つ。やがて小さな双葉が開き、本葉が出てくる。そろそろ屋外で育てても大丈夫だ、という頃合いになったら、畑に植え付ける。

節分の後といっても、それはあくまで目安だ。年によって気象条件は違うから予定通りいくとは限らない。爺さんのハウスには暖房施設がないから、気温が上がりきらないうちに始めてしまうと、夜間に土が凍ってだめになることもある。だから人間の都合ではできないんだ。あくまで植物の都合。自然がゴーサインを出してくるのを見極める。決して無理をしないことだね。

種蒔きや定植ができなくても、他にやることは山ほどある。たとえば、地下水位の上昇にあわせた排水対策だ。エコファーム・アサノの敷地は緩やかなすり鉢状の地形になっているんだが、その底にあたる場所に、余分な水分を排出させるための溝を掘っておく。そうすると土が過湿にならず、大雨が降ってもある程度被害を防ぐことができるんだ。逆に干ばつ時には、土壌深くまでしみ込んだ水が上がってきて作物を助けてくれる。昨年は春に溝を5本掘って、夏の台風の前にもう1本追加した。

4月下旬に種蒔きをする落花生「おおまさり」の種づくりも、3月頃から隙間の時間にぼちぼちやっておく。

千葉県が誇る「おおまさり」は、超大粒の人気品種。秋に収穫し、茹で豆用に生の状態で出荷する。そのシーズン中に一部の株を採種用に取りわけ、ぼっち積み（円筒状の塊の

トレイに蒔いた種が発芽し、双葉を出す

状態）で畑に置いて冬の間乾燥させておく。春先に殻をむいて実を取り出し、それを種にする。ただ食用とは違い、種にする実はそれほど大粒である必要はないね。われわれは「中実《ちゅうみ》」と呼んでいるけど、むしろ少し小さ目で粒がそろったもののほうが、実は発芽率が高いんだ。

だから、種に使わなかった大粒の実は、通常の乾燥ピーナッツとしてレストランに卸したりする。これでピーナッツクリームを作ったりして、スイーツに使う店もあるようだね。クリームで小さいモンブランを作って、栗、ピーナッツ、イモの3種類をワンプレートに載せたデザートを作ってはどうか、なんていう話もしている。

落花生は、食べ頃の大きさまで実が肥大したら10日ぐらいで収穫しないと味が落ちる。だから、いっぺんに種蒔きをするのではなく、何回かに分けて時期をずらすんだ。そうすると9月の初めから10月いっぱいぐらいまでは出荷できる。

野菜は「とう立ちしたら終わり」ではない——長ネギ、プチヴェール、大根

3月半ばになっても、畑にはまだ長ネギや大根、プチヴェールなど、冬の野菜が残っている。いや、残している、と言うほうが正確だ。一般的な野菜としては旬を過ぎているから、もう用がないものに見えるだろう。でも爺さんの畑では、ここからさらに商品としての価値を発揮する。

ネギは、いわゆる「ネギ坊主」ができた状態だ。市場出荷をしている農家にとっては、畑にネギ坊主があることは、長ネギの状態で売り切れなかった＝「売れ残り」を意味する。恥ずかしいと思っちゃうから、人目につかない夜間に片付けているようだね。

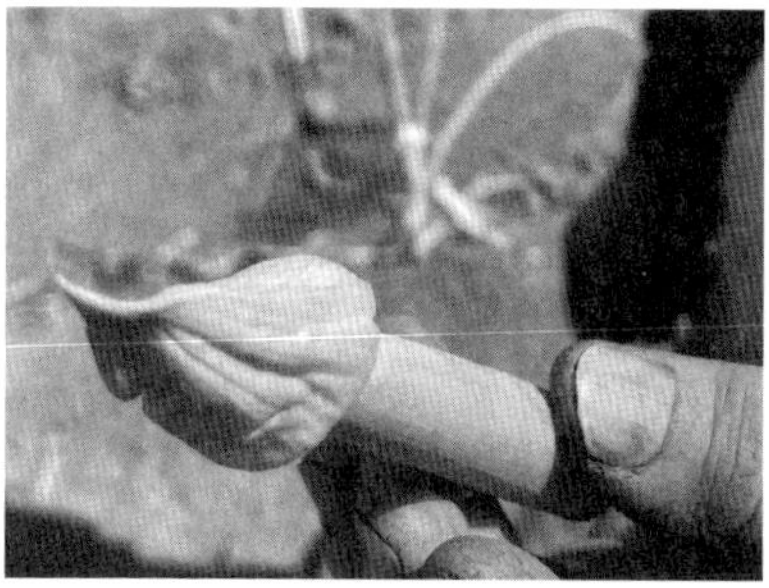

ネギ坊主も商品だ

このネギ坊主を、うちでは10センチぐらいにカットして出荷する。形がユニークだから、フリッターや天ぷらにして出す店も多いね。甘くて、とろりとした食感を楽しめる。

スティックトップ

プチヴェールは通常の収穫が終わり、とう立ち（花芽のついた茎が伸びてくること）している。花茎が一定以上に伸びてきたら、それを「スティックヴェール」の名前で出荷する。それから「スティックトップ」。通常のプチヴェールは脇芽を収穫するから頂上部は商品にならないけど、うちではトップを丸ごと切り取って出す。蕾《つぼみ》の周りに出てきたばかりの葉はやわらかくて、生のままでもおいしく食べられる。特に紫のプチヴェールは、油でさっと炒めたあと、ヴィネグレットソースで味付けすれば、鮮やかな色がそのまま残る。料理の付け合わせにしてもいいし、これでパスタを作っても美味い。

大根も、根が萎《しぼ》んで花茎がとう立ちしてくるから、それを切って「大根菜花《なばな》」として売る。もともと大根というのは魚との相性が良いから、大根菜花も魚料理の付け合わせにするとぴったりだ。爺さんは、ちょうどこの季節に旬を迎えるしらす干しや白魚を、炒めた菜花にトッピングして食べたりする。

大根は、カイワレから種莢《たねさや》まで7回出荷できる

蕾のついた花茎のことを菜花というが、なかでもいちばん身近でよく出回っているのは、一般に「菜の花」と呼ばれる植物の菜花だろう。でも最近は、直売所なんかでは大根とか小松菜とか、菜の花以外の菜花もたまに見かけるようになった。基本的に、アブラナ科の野菜なら、とう立ちさせればみんな菜花として出荷できる。どの野菜の菜花かによって味もぜんぜん違うよ。でも菜の花以外の菜花を食べたことのある人が少ないから、違うと言われてもわからないかもしれないな。大手スーパーにはほとんど売ってないから。「大根菜花を売ってほしい」と思っているお客さんはいると思うけど、それを店側が聞き入れない。あまり言いすぎると、そのお客さんがクレーマー扱いされかねないしね。

だけど、消費者が欲しいと言っているものを売らなくてどうするんだ。売り上げが伸びていないスーパーの経営者は、ここのところをよく考えたほうがいいな。上から目線で、現場からの声を吸い上げることのできない経営者、自分が直接関わっている場所以外の人の意見に耳を傾けられない経営者はだめだろう。

売る側に柔軟性がなければ、作る側もそうなる。大根は根の部分しか売れないから、とう立ちしたら、ネギと同じように「売れ残り」とみなされる。だからその前に株ごと撤収してしまう農家がほとんどだ。

一般に、野菜がとう立ちすると、「花芽に栄養が取られて味が落ちる」とか、もう価値がなくなったかのように言われてしまう。だったらその花芽を食べたらいいじゃないか。次の世代に命をつなぐための花芽だから、エネルギーが高く、香りも強い。商品にしない理由がわからないね。

スーパーに並ぶ商品としてではなく、野菜をひとつの植物として捉え直して観察してみたらいい。まったく違う考え方ができるだろう。

たとえば、夏に大根の種を蒔いたとしたら、翌年の春まで農家は何回収穫できるか。カイワレ、葉大根、秋大根、冬大根、菜花、花、種莢（さや大根）。実に7回も出荷のチャンスがあるんだ。

菜花の状態から花が開いても、ちゃんと大根の味がする。だから、ピリッとした味のアクセントを兼ねて、花を料理の装飾に使うこともできる。

花の後にできる緑色の種莢も同じだね。爺さんはこれを「さや大根」という名前で売っている。莢ができたばかりの、まだ中の種がやわらかいものを選んで出荷しているよ。食べてみるとわかるけど、味はまるで大根おろしだ。サラダにしたり、魚料理や肉料理に添えるシェフもいる。大根おろしより、ビジュアルもずっといいだろう？　この季節に畑に来ればわかる。百聞は一見に如《し》かずだ。だからシェフには「まず畑に来てほしい」と言っている。種莢ができているところを目にすれば、厨房で見ているときよりもずっと多くのインスピレーションが湧いてくるはずなんだよね。既成概念にとらわれず、植物の生育ステージに合わせた新しい料理を生みだすヒントになるだろう。

大根菜花

大根の花と種莢

世の中の大半の人が「価値がない」と思っているものでも、自分で価値を付けることはできる。「変わり者」と言われたって、気にしなきゃいいだけの話だろう？　自分のことを何も知らない他人に陰口を叩かれないようにすることと、自分がやりたいことや信じていることを貫くこと、どっちを取るのか。山形のイタリアン「アル・ケッチァーノ」の奥田政行シェフだって、そこを突き抜けたから現在がある。農家だって同じだ。発想を変えるんだよ。頭を使って、手を使って、工夫をしなければね。

コラム①

浅野悦男という男——祖父・鷲太郎氏の生き写し

他人と同じことをするのが大嫌いだったという浅野悦男は、物心ついた頃から周囲に「変わり者」扱いされてきた。常に自分の中に物事の判断基準を置き、間違っていると思うことに対しては黙っていなかったという。クラスで弱い者いじめをする者たちがいれば、じっと観察して主犯格を特定し、「おまえ、やめろよ」と正面から対峙した。「反撃なんて、してこないさ」と、浅野は振り返る。

「こういうのは結局、先制攻撃なんだ。こっちが強く出たら、歯向かってはこないよ。いまの子どもは、そういうことがなかなかできないみたいだけどね」

リーダー的存在というわけではないのに、浅野を頼りにするクラスメートは少なくなかったという。「浅野の後ろにいればいじめられない」という不文律のようなものができていたのだ。のちに世間に名前が知られるようになると、4年生まで担任だった教師からはこんなことを言われたという。

「浅野君は、そのうち何かしでかすと思っていたわ」

浅野がもっとも影響を受けたと話す人物は、母方の祖父・鷲太郎だ。母・照代は五人姉妹で、婿を取る形で浅野の父・廣と結婚。隣の土地に家を建てて分家するまで本家で同居していた。本家の子どもや自分のきょうだいをあわせると10人以上いた子どもたちの中で、祖父といちばん長く一緒にいたのは浅野だったという。

八街《やちまた》一、やかましい爺さん。それが鷲太郎氏の地元での呼び名だった。筋の通らないことや、間違ったことは認めない。よその家の子どもでも、悪さをすれば厳しく叱る。けれど、人から恨まれることは決してなかった。困っている人を放っておけない情の深さがあったからだ。浅野の長男が通っていた学校の教師の中にも、鷲太郎氏に学費を肩代わりしてもらって大学を卒業できたという人がいる。

埼玉県（現在の練馬区大泉）出身の鷲太郎氏は、10代の頃に都内の精米所で丁稚奉公し、やがて精米機を譲り受けて独立した。その後、兄の喜和蔵氏が入植していた八街市の四《し》木《もく》という集落に移り住み、屋号を「精米所」と定めて営農を始めた。

日経新聞を愛読し、株の売買もしていたという鷲太郎氏は、時代の流れや相場に敏感なビジネスマンであったという。元手をかけず、自前のものを活用することで家業に必要なものを賄っていた。

たとえば、近所の農家に無料で精米機を使わせる代わりに米ぬかを置いていってもらい、ニワトリのエサとして利用した。肥料はまとめて仕入れ、地元集落の農家に配っていたが、代金は取らなかった。その代わりに落花生で納めてもらい、相場を見て高値をつけたときに売った。その利益で建てた石蔵は、現在も保冷施設に改造して使われているという。

零細農家の中には、肥料代を労働力で払う人もいた。本家では、麦、落花生、サトイモ、サツマイモなどを栽培し、でんぷん工場も運営していたため、常に人手が要る。肥料代が無料で仕事も覚えられるとあって、常に何十人もの農家が本家に集まっていた。経済的に苦しい人から金を取ることはなく、地域の誰かが割を食うこともない仕組みを、鷲太郎氏は動かしていたのだ。

「え、食べるの!?」15年前、花は食材ではなかった

料理というのは、口だけで食べるのではない。爺さんはそう思っている。

まず、目で味わう。「あ、おいしそう!」と思うことで、実際に食べてもおいしく感じる。それは、「おいしい」というイメージが、食べる前から脳に伝わるからなんだろうな。

いちばん最初にシェフに食用の花を提案したのはもう15年以上前のこと。そのときは、ほとんどのシェフが「え、食べるの!?」と驚いた。いまでこそ、高級店だけじゃなくて中堅の、ちょっと気の利いた店では当たり前に使うようになったけど、当時の日本ではまだ「食材」と思われていなかった。「食べちゃいけないなんて法律はないだろう。毒がなければなんだって食べられるさ」なんて冗談めかして言っていたけど、実際に食べてみれば、花は彩りや飾りになるだけじゃないことがわかる。味も香りもあって、それをうまく使うことで、他の人とは違った料理ができる。それに気づいたシェフから、徐々に注文が来るようになった。

たとえばホテルのビュッフェなんかでは、昔から花を皿に飾っていた。見栄えのする大

きな蘭の花とかね。でもそれは食用花じゃない。たとえ食べられる花だったとしても、自分の皿に載せて食べている人なんていなかった。大きい花を丸ごと使うと、お客さんからすればただの飾りにしか見えない。食べられる形で使えていない、ということだ。

だから、花をどう使うか、どうしたらおいしく食べてもらえるかは、シェフのセンスにかかっている。初めて花を使うシェフには、花弁をひとつずつばらして使うことを勧めている。そして、「うちの店では、皿の上のものはすべて食べられます」と、お客さんにアナウンスしておくこと。

春の花のハウス

「あ、食べられるんだ」とわかれば、さらなる興味を持ってくれるだろう。「きれいだな」だけじゃなくて、「食べたらどんな味かな?」とね。そして口に入れると、まず香りを、それから味を感じる。目から始まり、鼻、口の順番で味わうんだ。

食べたあとは感想も出る。自分の好みの味だったかどうか。「苦いんだね」とか「甘いんだな」とね。レストランでは、そうやって一皿を楽しむものだ。家で食べる食事は空腹を満たすことが先だから、食材ごとにそんな判断をする習慣がない。

花を商品化する前は、日本にはまだ食用花についての情報もなかったから、全部自分で食べて試した。販売を始めてしばらくした頃、ある雑誌の取材を受けて、食用花の生産者として掲載してもらった。そこから一般の人にも食用花が知られるようになって、自分で育てる人も出てきた。

自宅の料理で花を使おうなんていう人は、概してクオリティーの高い生活をしているものだ。ちゃんとしたキッチンがあって、出窓なんかがあればそこに花の鉢を置いて、ちょっとつまんで朝食に飾ったりね。けれどそういう生活をしている人は、そんなことでは物足りず、さらなる非日常を求める。だから、高級レストランが繁盛するんだ。

「使える！」シェフの一声から始まったチャレンジ――ルッコラ・セルバチコ

農場には、数種類のハーブが自然に育っているエリアがあって、春になると日ごとに緑が盛り上がってくる。生命力がすごく強くて、あちこちに種がこぼれて芽を出すものもあるね。そのひとつが、「ルッコラ・セルバチコ」と呼ばれる野生のルッコラだ。「ワイルドルッコラ」とか「ワイルドロケット」と呼ぶ人もいる。水菜みたいに深い切れ込みの入った細長い葉で、黄色い花が咲く。野生種だから香りがすごく強い。セルバチコは毎年4月頃から出荷を始めるんだけれど、これにはちょっとした思い出があるんだ。

爺さんは1990年代後半から本格的にレストラン向けの野菜を作るようになったが、最初に出荷した野菜がルッコラだった。レストランでの需要が増えているという記事を見かけたのとちょうど同じ頃、知人の農家から、あるレストランチェーンと契約栽培を始めたという話を聞いてね。すぐに種を取り寄せた。このときのルッコラは日本の種苗会社が改良した「オデッセイ」という品種だった。切れ込みの入った丸葉で、白い花が咲く。新顔の野菜としてたちまち人気となった。いまではスーパーでも当たり前に見かけるようになっている。

いざ種を蒔いてみると、肥料もいらないし、夏場だったから1カ月かからずにできた。若いほうれん草や大根の葉っぱに似た外見で、ちぎって食べると胡麻みたいな香りがする。「これからはこういうものが売れるのか」と自分なりに納得して、大田市場に持っていった。ところが、担当者は首を横に振った。「売れないと思います」とね。

さあ困った、と思ったところにたまたまやってきたのは、レストランに食材を卸している青果会社のバイヤーだった。「浅野のニンジンは美味いらしい」という評判を聞きつけたとかで、ニンジンの買い付けに来たんだ。そのときに「こんなの作ってみたんだけど」と、ついでにルッコラを渡した。すると彼はその場で試食をし、「これ、使えます。都内のレストランにも売り込んでみる」と言った。

爺さんの記憶が正しければ、最初にうちのルッコラを使ってくれたのは、イタリアンの名店「アクアパッツァ」のオーナーシェフ、日高良実氏だ。日高シェフは当時から、他の店とは少し違った食材をいろいろな生産者から集め、誰にも真似できない独創的な料理を生み出していた。自分が良いと思った素材にチャレンジすることを、とても大事に考えている人なのだろう。

「リストランテ・ヒロ」を開店した直後の山田宏巳シェフが畑に来たのも、バイヤーとの一件があってからわりとすぐだったと思う。東京・原宿にあったイタリアン「バスタ・パスタ」の初代料理長として大きな成功を収めたシェフが、自分の名前を冠した店をオープンしてしばらく経った頃だった。ある日、東金市でゴルフをした帰りに「いまからちょっと寄っていいですか？」と電話がかかってきた。

山田シェフはルッコラをその場で試食し、すぐに「うちに納めてほしい」と言ってきた。

ルッコラ・セルバチコ

「これ使える?」と尋ねてみると、「使える。みんな欲しがると思う」とシェフはうなずいた。実際、その後シェフ仲間に何人も声をかけてくれて、そこから一気に取引先が広がったんだ。

それからしばらくして、山田シェフはまたやってきた。

「浅野さん、これはイタリアの野生種でね、こっちのほうが料理として使うにはいいんだよ。一般の人が使うのとは違う。これ、作ってくれないかな」

そう言って手渡されたのがセルバチコの種だった。すぐに作り始め、いまではうちの定番商品になっている。あのときの種が、いまだに毎年こぼれて勝手に生えてくるんだ。セルバチコは宿根草《しゅっこんそう》だから、何年でも育つ。別に畑に植え付けなくても、毎年春になるとあっちこっちで若芽を出すよ。今年も元気に育っている。葉はもちろん、蕾や花も出荷する。小ぶりな花だけど、皿に一つ載っているだけで存在感がある。香りもしっかりついているし、ピリピリするくらいの辛みのあとに、ほんのり甘みを感じるんだ。

いまの爺さんの仕事は、シェフたちとのこういうやり取りの積み重ねで成り立ってきたと思う。最初の頃は、シェフが欲しいと言った野菜を作るだけで精一杯だった。これまで作ってきた野菜とは出自が違うから、芽が出ない、生長しない、実がならない、なんてことはしょっちゅうだ。ただ育てるだけでもだめで、長さや大きさを指定してくるシェフもいた。

思い通りにならないことばかりだったけれど、世界中の野菜を知れば知るほど面白くなる。いつのまにか、自分が気になったものは頼まれなくてもあれこれとチャレンジするようになった。作るものは変わったけれど、「いいものを作ろう」という気持ちは変わらない。このシェフには、この店には、こんな野菜が合うんじゃないかと考えて提案できるようになったのは、そういう積み重ねがあるからだ。まあ、道楽だね（笑）。

ヨモギ餅に興味津々だったフランスのシェフ

ルッコラがそうだったように、需要を見込めないと市場が判断したとしても、料理人の考えはまた違う。彼らは皆、自分がすでに知っているものではなく、未知のもの、新しいものを常に探求しているからだ。特に、世界レベルで長きにわたって活躍し続けているシェフはね。その一人が、ピエール・ガニェール氏だ。

ガニェールシェフはフランス中部のサン・テティエンヌ出身。自らの名を冠したパリの「ピエール・ガニェール」やロンドンの「スケッチ」が長年ミシュランの星を維持しているのは、衰えることのない好奇心と、いくつになってもチャレンジすることを忘れない探求心のなせる業だと思う。

彼は2010年に東京に新しい店をオープンした。その準備期間中に一度うちに来たことがある。季節はちょうど春。シェフが来るという前の日に、爺さんは近所の山林にヨモギを摘みに行った。家に帰ってそれを灰汁《あく》抜きし、小豆を炊いた。

当日は庭先に臼と杵を出し、シェフと一緒にヨモギを混ぜたもち米をついた。そう、「あんころ餅」を一緒に作ったんだ。日本人なら誰もが知っているありふれた食べ物で、およそ御馳走とは言えないだろう。だけど、フランス人のシェフにとってはまったく初めて出会うものだ。

シェフは最初びっくりしていたけど、まあ食べること、食べること。同行した若手シェフやスタッフたちにもしきりに勧めていたよ。「ヨモギはフランスにもあるけど、こういう食べ方はしない」と興味津々でね。帰りがけには、「今回の日本滞在で、今日がいちばん楽しかった」と言っていたそうだ。

当時日本ではまだ、フランス料理ならフランスの、イタリア料理ならイタリアの食材にこだわるシェフが多かったと思う。逆に言うと、日本のシェフたちが近年、次々と高い評価を受けるようになったのは、ジャンルの枠にとらわれず、日本にしかない食材も積極的に使うようになったからではないかな。

「1＋1＝2」で本当にいいのか？　3にも5にもなるはずだ

決まった食材しか使わなかったら、料理の幅はどんどん狭くなる。農業にも、そっくり同じことが言えるね。毎年同じようなものを、人と同じように作っているだけじゃ、なんにも面白くない。

白い根っこだけが大根だと思うなら、そこで終わり。だけど毎日つぶさに観察していれば、そうじゃないことに気付く人は気付くはずだ。どの状態のものを、どんなふうに使ったら面白いか、おいしいか。レストランの「皿の上」をイメージすることで、可能性はどんどん広がる。1＋1が2で終わらず、3にも5にもなるんだ。

種から始まって、生長していく過程で見た目や食感がどう変化するか。味や香りの濃淡・強弱はどうか。そういうものを自分の五感で一つひとつ確かめてみるといい。それは農家だからこそできることだ。そして、自分で作った野菜は自分で料理してみることも大切だね。下手でもなんでも、まずはやってみるんだ。いろんな発見があるはずだから。

爺さんの場合は、親父の影響で子どもの頃から料理を作っていた。親父は東金市の農家の次男で、おふくろの家に婿入りする形で結婚した。それまではいろんなところで丁稚奉公をしていて、飲食店で働いた経験もあったそうだ。農作業より料理のほうが得意だったと本人も言っていたな。

祖父の鷲太郎は、毎晩のように晩酌をする人だった。その肴を作るために、親父はみんなより一足早く農作業を切り上げて厨房に入っていたね。後で聞いたら、親父にとってもそれが「唯一の息抜き」だったらしい。料理の腕は確かだったと思う。魚を三枚におろして刺身や煮魚にするのなんて朝飯前。内輪の祝い事があるときなんかも、親父が祝い膳を用意した。

爺さんも親父の台所仕事を手伝ううち、魚のさばき方、野菜や肉の使い方、食材の組み合わせ、彩りや盛り付けまで、基本的なことは自然とできるようになった。祝い事で出すお頭つきの鯛の塩焼きなんかも、小学校6年になる頃にはもうできていたんじゃないかな。寿司も巻いたし、羊羹やきんとんまで作っていた。後から考えると、食材が皿に載るまでの過程を毎日のように見て考えてきたということになるんだろうな。

八街はもともと魚の消費量が多い地域でね、爺さんが子どもの頃は、九十九里浜のほうから売りに来る人たちがいた。イワシなんかは、親父は一箱まとめて買っていた。そういう日は昼前から本家の厨房に入り、まず刺身で食べるものはすぐにさばいておく。青魚は足が早いから、その日のうちに使い切らないと悪くなる。生で食べる以外のものは酢漬けにしたり、イワシダンゴを作って大根と合わせて汁にしたりする。ただの味噌汁だけど、これも美味かったな。

下手をするとあたるから、イワシは漁師ですら生であんまり食べない。けれど親父は毎回刺身を作っていた。「7回洗えば鯛の味」と言ってね。まずは鱗をきれいに取らないとだめだ。そしてよく洗う。1回ごとにちゃんと水を変えて、本当に7回、きっちりと。それくらい下ごしらえを徹底してやらないと、どんなに新鮮でも腹を壊すことがある。

秋になると、とんでもない量のサンマを仕入れて寿司を作った。サンマの腹を開いてそこに酢飯を入れ、樽の中に並べて漬けるんだ。傷まないように重しをしたら、日の当たらない北側の部屋で保存する。その部屋には、いつも樽がいっぱい並んでいた。サンマ寿司だけじゃなくて、漬け物やら味噌やら、親父が全部手づくりしていたからね。

サンマ寿司を食べ始めるのは正月からで、なくなるまで毎日ずっと食卓に上ることになる。だから爺さんは、飽きないようにおいしく食べる工夫を、子どもなりにするようになる。たとえば、暖かくなると家のあちこちに自然に生えてくるシソの葉を摘んで、サンマ寿司に巻いて食べるようになった。

親父にも、「シソを巻いたほうが美味いよ」と言ったことがある。すると親父はにんまりとして、「刺身に、なぜ大葉を添えるのかわかるか?」と聞いてきた。やっとわかったな、と言いたげな表情でね。魚と大葉が合うことを、日本人ならみんな知っているけど、親父がそれを口で教えてくれたことはなかった。だからこそ、息子が自分で発見したことが嬉しかったんだろうな。

教えちゃだめなんだ。自分で気が付かないとね。

結婚して所帯を持っても、爺さんは自分が食べるものは自分で作ってきた。定番料理を作るだけではやっぱり飽きるから、味付けを変えてみたり、新しいやり方を試してみたり、ひと手間加えたりして、あれこれ探求してきた。いまでも、レシピサイトはよく見るよ。真似して作ったり、自分の料理に応用したりするとそれも楽しい。

逆に、料理に興味がなかったら、いまみたいな形の仕事は難しかったかもしれないな。

コラム②

1＋1は2じゃない！——祖父に仕込まれた百姓の哲学

鷲太郎氏のもとで少年期を過ごした浅野は、毎日学校から帰ると「今日は何をやったんだ」と聞かれるのが常だった。学校行事や授業の内容、教師に教わったことなどを話すと、祖父はじっと話を聞きながら、「そのとき、おまえはどう思った?」などと、質問を挟む。拙《つたな》いながらも懸命に言葉を継ぐ浅野に、祖父は時折こう諭した。

「先生の言うことだけが正しいんじゃないぞ」

人の言葉を鵜呑みにするな。自分で考えよ。祖父に繰り返し教えられはしたが、少年の胸の内に、どうしても解けない疑問が残った。

1＋1は、なぜ2なのか。

教科書を見ても、2以外の答えは書かれていない。先生に聞いてもまともに答えてもらえず、同じ疑問を持つ友達もいなかった。一人で考え続けた末、浅野はこんな解答を出した。

「信号機は世界中どこでも緑と黄色と赤の3色。ルールが国ごとに違ったら困っちゃうから。1＋1もそれと同じ。数学という学問の中のルールだ。だから答えは2と決まっている。でも、それが絶対正しいという意味じゃないんだよ」

家業を手伝っていると、前の年と同じ品種を植え、同じ肥料を使い、同じ栽培管理をしても同じ味にはならないことを何度も経験する。つまり1＋1が5になることも、1になってしまうこともあるのだ。祖父からは、結果としての数字の良し悪しではなく、なぜその結果になったのかをよく観察するよう諭された。

「百姓の仕事はな、目で見て、手で覚えるんだ」

祖父のこの言葉を、浅野はずっと胸に刻んでいる。野菜は口を利けない。だから、ひたすらよく見るしかないのだと。観察を続けていくと、いま野菜が何を欲しがっているのかが自然と感じ取れるようになり、自分が何をすればいいのかわかってくる。すると、栽培マニュアル的なものも「ただのルール」であったことに気づくのだ。

種の蒔き方から近所付き合いに至るまで、浅野少年は大人がする仕事を端から目で見て覚え、真似をした。叔父からエンジンの仕組みを学び、父からは本格的な料理を習った。植物を育てるための知識や技術はもちろん、百の仕事ができるのが農家であるという自論を持つ浅野は、祖父と同様、自らを「百姓」と自称している。

「生産者じゃない。店のスタッフだ」

先日、家の片づけをしていたら、料理雑誌や料理本が山のように出てきた。自分が載っているものもあるし、純粋な読者として買ったものもかなりある。

レストラン向けに野菜を出荷するようになってから、爺さんもぼちぼちメディアの取材を受けるようになった。雑誌なんかで紹介されると、その記事を見て「うちも浅野さんの野菜が欲しい」と言ってくれる店が増えていく。そうやっていろいろなシェフと取引するようになると、肌で感じるようになるんだ。誰一人として同じ料理を作る人はいない、みんな違うんだと。だから自分がもっと勉強して、幅広い要望に応えられるようにしようと思い、しょっちゅう本だの雑誌だのを買うようになった。

農家は、料理や料理人のことをもっと知るべきだ。勉強すればするほど、そう強く感じるようになった。それと同時に、農家とレストランは対等であるのが自然ではないか、という思いも強くなった。

それは、爺さんが若い頃に地元で発足した出荷組合での経験があるからだ。

この組合では、市場出荷以外の独自の販路を求めて産直をやってみたり、スーパーと栽培契約したりと、当時としては新しい試みをしてきたと思う。ただ、やってみて感じたのは、農家は常に下の立場だということだ。農業というものが、そもそも社会から重要視されていない。農家は食べ物の〝原料〟を作る生産者。それ以上でも、以下でもない。だけど、それじゃだめだと思っていた。

だからいまは、自分が作ったものを売り込むような営業活動はしていない。コロナ禍の3年間で閉店する飲食店もあったから、爺さんも正直ダメージを受けている。それでも、こっちからお願いして買ってもらおうとは思わない。「浅野が作る野菜がいい」と思ってくれた人だけが使ってくれればそれでいい。

いまどんな野菜が採れているのかはフェイスブックで定期的に告知しているから、それ

畑を案内されるサローネグループの樋口シェフら３人

を見て興味を持ってくれるシェフもいる。ただ、新規で取引する際は、メッセージや電話のやり取りだけで野菜を送ることはない。必ず一度は畑に来てもらうようにしている。それは、うちの野菜がどんなふうに作られているかを知ってもらうためだけではない。そのシェフがどんな料理を作る人なのか、これから何をしたいと思っているのかを、こちらが理解するためなんだ。そこが通じ合わなければ、そのシェフに合った野菜を提供することはできないからね。

取引を始めるときは、「おれは生産者じゃないよ。店のスタッフだ」と伝えるようにしている。野菜を作るという部門のスタッフであり、その店の料理にとって不可欠なものを作っているスタッフだと。つまりシェフの料理は、爺さんの畑から始まっているということだ。

だから、疑問があればなんでも聞いてほしいと思う。年上とか年下とかは関係ない。そういう対等な関わり方をして初めて、シェフと農家という作り手が、食べ手に思いをはせることができるんじゃないかな。

畑に来たシェフが、「自分の料理はこうです」という話をしてくれたなら、爺さんも「じゃあこのシェフはたぶんこういう野菜に興味があるな」とわかるようになる。新しいものができたときも、「あのシェフならこれをうまく使ってくれそうだな」とイメージして、サンプルを送る。説明はしないよ。シェフがそれをどう使うかを見るのが楽しみだからね。あとから、「こんなの作ってみました」なんて写真が送られてくることもある。百姓冥利に尽きるね。

市場出荷をやっていたら、この楽しみはなかった。出荷したってなんの反応もないし、次の日に「○○はいくらで売れました」という知らせが来るだけだから。いまは、お客さんの感想まで伝えてくるシェフがいる。それが何よりだな。

同じ野菜も、同じ料理も、二度とできない

「浅野さんの野菜は他の農家とは違う」とよく言われる。けれど、自分ではその理由はわからない。本当にわからないんだ。経験上、「こういうときはこうしたほうがいい」という判断をしながら育ててはいるけど、それ以上特別なことは何もしてないから。

「土づくり」なんて言葉をよく聞くけど、土なんて人間が作れるものじゃないと思うね。ときどき講演会なんかの依頼があると、「まず土づくりについて聞きたい」とよく求められる。そんなことがわかるなら、こっちが聞きたいくらいだよ（笑）。

そもそも、土なんて土地によって違うものだろう。講演会で聞いたのと同じことを自分の畑でやったとしても、同じものなんて作れるはずがないじゃないか。たとえ同じ畑で、同じ土で、同じ種を使っても、できる野菜は毎回違うんだから。もちろん、作る人によっても出来が違う。県の試験場の職員も、その理由はわからないと言っていた。シェフが毎回同じ料理を作れるわけじゃないのと一緒で、農家だって毎回同じ野菜を作ることは絶対にできないいんだ。

そのことをちゃんと理解しているシェフは、野菜が毎年違うのは当たり前だと思っている。前の年に自分がその野菜を使ったときの味は鮮明に覚えていると思うけど、去年のほうがいいの悪いのという言い方はしない。ただ、「今年作ったときに、去年との違いっていうのはありましたか」というのは聞いてくるね。それは当然だろう。

むしろ爺さんが気になるのは、今年のものを料理として作ったとき、つまり皿に載った段階でどうなのかということだ。「去年よりまずい」と判断されるのか、「いつもと同じようにおいしい」と評価されるのか。

その年の畑の状態によっても野菜の出来は違うし、今年は去年より生育がいいなと思っていても、味が乗らないこともある。生きものだから、いったん育ってしまったものは、もう何をしたって修正はできない。野菜のことなんて、要はわからないんだ。何をしたらいいのかがわかったなら、こんなに楽なことはない。

納屋の中にテストキッチンを作ったのは、畑で収穫した野菜を使って、シェフがその場で料理を試作できるようにするためだ。基本の調味料と、野菜以外の食材を少量ずつ持ち込んで作るシェフは結構いるね。新作メニューのヒントを得て帰っていくんだ。

一方で、「また今度」なんて言って、何もせず帰っていくシェフもいる。その受け答えや態度を見れば、この人は自分が何をしたいのかがまだはっきり見えていないな、とわかる。やはりそういうシェフは、その後何回か取引したとしても、しばらくすると連絡が来なくなる。

エコファーム・アサノの名前を誰かから聞いて、「ちょっと一度使ってみたい」という感じで来る人もいる。来るもの拒まずだから、もちろんそれはそれで構わない。うちの野菜が良いか悪いか、自分の店に合っているかいないかは、評判の如何によらず、料理をす

テストキッチンで調理する３人のシェフ

収穫したばかりの野菜で作った料理

る本人が決めればいいと思っている。

けれど、そうじゃない人もなかにはいるね。あるシェフにルッコラ・セルバチコのサンプルを送ったんだけど、「うちの店ではちょっと浅野さんのは使えません」という返事が来た。「悪いからだめなんですか?」と聞いたら、「いや。香りが強すぎる」と。意味がわからなかった。だから理由を聞くと「他の食材が負けちゃう」からだと。

それでやっとわかった。自分の店じゃないと、オーナーの言うことを聞かなきゃならないこともあるんだろうなと。経営側の意向が強く働く店は、原材料のコストをとにかく低く抑えようとする。でもそれが行きすぎるとどうなるか。「なんだ? これは」というようなレベルの肉を仕入れたりする羽目になるわけだ。だから当然、ハーブの強い香りに負けてしまう。

「オーナーがセルバチコを嫌いだからうちでは使えない」とか言ったシェフもいる。まったく意味不明だ。「へえ、君のところはオーナーが客として店に来て、お金を払うのかい?」と思わず聞いてしまったよ。最近は、セルバチコを置くようになったスーパーもあるというのにね。

農家は、売った後のことまで考えているか？

セルバチコが普及したのは、3年続いたコロナ禍の影響もある。レストランが休業になり、飲食店向けに出荷していたハーブ農家がスーパーにも出すようになった。消費者のほうも、外食ができないから自宅で料理する機会が増えた。そうすると、当たり前のいつもの野菜ばかりだと飽きてしまう。そんなときに思い出すんだ。「そういえば、前にレストランで食べたあれ、美味かったな」と。そこで需給がマッチしていく。

爺さんも、コロナ禍で百貨店から引き合いがあった。でも、うちは少量多品目で作っているから、百貨店みたいなところの大量の需要には応えられないと断った。いつも野菜を仕入れている先に頼めばいいと思うけどね。家庭で使うものなんだし、百貨店の場合、とりあえず「ルッコラ・セルバチコ」という名前の野菜が売り場にあることのほうが大事なんじゃないか？　失礼な言い方かもしれないけど、百貨店の青果担当者が、みんな野菜の味をわかっているとは思えないんだ。

昔、ある百貨店で農機の展示イベントをやった際に、ディスプレー用の野菜が欲しいと頼まれて提供したことがある。スーパーでは売っていない、ヨーロッパ原産のカラフルな野菜を中心に出した。するとイベントに来た人たちが興味を持って、「これを売ってほしい」というようなやり取りがあったらしい。

期間中のある日、野菜を納品しているところに、青果部門を統括しているというスーツ姿のお偉いさんが現れた。ひとしきり話をすると、その人が「うちの生鮮食品売り場を一度見てもらいたい」と言い出した。売り場に案内され、「率直な意見を伺いたい」というので、爺さんは思ったままを言った。「申し訳ないけど、ここはゴミ捨て場ですか」と。都内で一番の百貨店という自負もあっただろうから、彼はとても傷ついたような顔をしていた。

別の百貨店でも、イベントでうちの野菜を売ったことがある。他の産地の野菜と一緒にね。そのときも、百姓から見るとろくなものがなかった。お世辞にも鮮度が良いとはいえないものばかりだったし、野菜ごとの温度管理すらできていない。ジャガイモとか、光を当ててはいけない野菜も、明るいところに平気で並べてあったりもする。

現場の責任者には、「これはもう品物がいいか悪いか以前の問題だ」と伝えた。ただ、これは売る側だけでなく、生産者にも問題があるね。自分が知っている生産者の名前も見かけたから、担当者に「この人は自分の野菜を確認しに来ていますか？」と聞いた。答えはノーだ。その人は、ただ出荷するだけ。百貨店の名前で売っているだけ。自分が出したものがどんな状態で売られているかを確認しないから、売り場で劣化していることに気づかない。

販売サイドも、爺さんみたいな遠慮のない百姓に「ゴミ捨て場」とまで言われないと気づかない。売り物にならないものを売ってしまっていることがあるんだ。それに気が付くお客さんが一人でもいたら、店の信用は地に墜ちるというのにね。

日本の産業界は昔からそうだ。誰かに言われてから訂正する。問題が発覚してから記者会見で頭を下げる。言われる前に、気が付かれる前に変えなければだめなんだよ。

5年先を考え、自分でニーズを作っていく

トウガラシ類、ナス類、カブ、リーフレタス、スティックセニョール、スイスチャード、フィノキエット、コールラビ、枝豆、長ネギ、カリフラワー、カボチャ、カラシナ、ブロッコリー、ジャガイモ、スイカ……。

昨春は節分の直後からかなり冷え込んだから、種蒔きは3月中旬以降になった。コロナ禍の影響で、レストランがどれだけ復活できるかまだ見えなかったから、作付けは少し減らした。それでも春だけで70品目ぐらいにはなったかな。同じ種類の野菜でも数品種やるから、それだけの数になる。

自家採種してケースに保存している種

皿の上をイメージすると、必然的に、どこでも売っているような普通の品種は少なくなるね。たとえば長ネギは西洋ネギの「リーキ（ポロネギ）」とか、鮮やかなワインレッドの赤ネギの種を蒔く。日本人は紅白が好きだから、焼き鳥の「ねぎま」なんかもいっそ赤と白を使えばいいんじゃないか？　もっとも、赤い長ネギがあることを知らないとできないけどね。爺さんがもし焼き鳥屋のオヤジだったら、黒いネギも探すかもしれないな。炭で焼いて黒い焦げ目がたくさんつくんだったら、最初からまんべんなく真っ黒なネギを使ったほうが面白いから。そういう品種はまだ見つかっていないけどね。

レタスも、普通の玉レタスはやらない。葉がワインレッドのものとか、半結球で丸ごと食べられる品種を選んでいる。

カブは、昔は春蒔きと秋蒔きが中心だったけれど、いまは品種開発が進んで一年中種を蒔いて育てられるようになった。冬蒔きでも、トンネルをかけておけば育ってくれる。昨春は「赤丸かぶ」とか、「ターニップ」という紫と白の洋種カブ、「ゴールデンボールかぶ」という名の黄カブなど数種類蒔いた。シェフの注文で、早採りのミニサイズで出荷するものもある。これだと葉っぱがついたまま、切らずに丸ごと使えるからね。

野菜はシェフが毎年必ず注文してくる定番をおさえつつも、自分が興味を持ったものを毎年数種類試すようにしている。1年間じっと観察して、できたものを都度試食して、これはいけそうだと思えば次の年もまた種を蒔く。5年後に商品として出せればいいと思って挑戦している。つまりは、5年先を見て、自分でニーズを作っていくということだ。

面白いなと思ったものはこうして取り入れていくけれど、その一方で、栽培をやめるものもある。

やめるときというのは2つの状況がある。そのひとつが、作物が土地に合わなかったときだ。ここでは何ができるか、ということを農家は常に念頭に置いている。つまり「適地適作」ということだ。経験上、合わないものを無理して作ったとしても、続いたためしがない。それは野菜に限らず、果樹でも同じ。たとえばうちの場合だと、梅は合うけど杏は合わなかった。

もうひとつの状況は、その作物を作る人が他に何人も出てきたときだ。だって、人と同じことをするなんてつまらないだろう？

名シェフに捧げるオマージュ「アランかぶ」

人と違うもの、という意味で究極なのは、数年前まで栽培していた「アランかぶ」だろうな。パリの3ツ星レストラン「アルページュ」のオーナーシェフ、アラン・パッサール氏の農園からやってきたカブだ。

パッサールシェフが２００７年春に都内のホテルでフェアをやったときのことだ。一足先に来日していたスーシェフのジュリーという女性がうちに食材を探しにきた。以前うちと取引したことのある納入業者が電話してきて、急きょ頼まれたんだ。

聞くところによると、彼女はホテル側が用意してくれた野菜を、「使えない」と全部はねてしまったのだとか。それじゃあホテルだって困るよな。もちろん契約もあるから、いまさらキャンセルなんてできない。もうパッサールシェフの来日まで1週間しかない。さあどうしよう、となったわけだ。

「畑を見せてくれるだけでもいいから」というので案内した。一通り見た彼女は「ぜひ使いたい」と言ってくれたから、本番のフェアのときに数種類の野菜を用意した。そのときに彼女から種をもらったんだ。でも、なんの種なのかはよくわからないという。当時のアルページュは、肉料理をやめ、野菜中心のメニューを提供していた時期だ。自社農園も持っている。ジュリーはたぶん、そこにあった種を適当に持ってきたんだろう。

せっかくもらったから、さっそく蒔いてみた。どんなのができるのかもわからないまま、芽が出るのを待っていると、ちらほらと出てきた。大きくなるまで育ててから抜いてみると、黒い根っこが肥大していた。「なんだこりゃ？」と首をひねりつつ、食べてみたらカブだった。

残りの株はそのまま畑に植えておき、春に種を採った。その種をまた蒔いてみると、いろんな色のカブが出てきた。ピンク、赤、それに黒やグレーもあったな。原種に近いものなんだろう。形も大きさも、みんなバラバラだ。けれど逆に面白いなと思ったね。アランに敬意を表し、「アランかぶ」と名付けて何年か出荷していた。普通の大きさのものだけじゃなくて、一口サイズのものもミックスで売った。商品名は「パリジェンヌ」。ジュリーが持ってきてくれた種だからね。

ただ、すごく特殊なものだから、誰もが使えるわけじゃない。それでもこれを残そうと思うなら、一定期間ごとに栽培して採種し、新しい種に更新していかなきゃならない。作ろうと思えば続けられるけど、まあうちが作らなくても誰かが作ってくれればいいと思ったから、いまは和歌山県にある小川農園というところに託している。やはり最初はかなりばらつきがあったようだけど、選別しながら栽培を続けるうちに、だんだん土地に合ってくる。最近は系統が安定し、サイズもそろってきているそうだ。

不ぞろいでも味がよくて個性のあるカブでね、苦みも辛みもしっかりとある。出荷していた頃は「一度食べたら忘れない味だ」と言うシェフもいた。だからいまでもときどき問い合わせがある。あれを欲しいというシェフは、作りたい料理のイメージをかなり明確に持って頼んできているだろうから、小川農園にしっかりつなぐようにしている。

このカブは、日本の種苗会社ではもちろん扱っていない。いまでも、うちと、うちに関わった何人かしか育てたことがないんだ。

パリコレ&ミラコレは毎年チェック

さきほど「ニーズ」と言ったけど、そもそもニーズって何だろうか。

就農して間もない頃は、爺さんも農業関係の経営講習なんかによく参加していたが、いまひとつピンとこなかった。講師はいつも同じことを言うんだ。「生産者は、消費者のニーズを捉えなければなりません。それがいちばん大事です」とかね。

一見まともなことを言っているようにも聞こえるけど、ちょっと待てよ、と思った。だって、人が何を欲しがるかなんて、わかるわけないだろう? 営利を追求する企業っていうのは、消費者が欲しいものを予測してモノを作っているんじゃない。自分たちが買ってほしいモノを作って売っているんだ。要は、作り上げられたニーズだってことだね。それをメディアが後追いする。

ファッション業界がその典型じゃないかと思う。今年の流行色はこう、スタイルはこれでいこうとニーズを自分たちで作っておいて、そこへ商品をポンと出す。

爺さんは毎年、パリやミラノのコレクションをネットでチェックしている。いまはもう、外国のサイトを含めていろんな情報をネットで見られるようになったけれど、それ以前はファッション雑誌を何冊も買って見ていた。書店に行くといつも、店員さんに変な目で見られていたな。まあ当然だろう。若い女性が見るようなファッション誌を、ジジイが食い入るように見ているわけだから（笑）。

なぜそこまでするのか。レストランに来る人たちが何を求めているのかを考えるからだ。ディナーに行く日が決まったら、女性は「何を着ていこう」とか「美容院に行かなきゃ」なんて、何日も前から考えるものじゃないかな。その日はもう、特別な1日、いわば〝非日常〟になる。だから、いちばんのお気に入りの服や、今年買ったばかりの服を着ていくんだ。

そう考えていくと、ファッションの要素の中でも、色はいちばん大事なんだ。シェフには、「お客さんが来店したときに、女性が何色の服を着ているか、サービス担当がチェックして厨房に伝えるようにしたらどうか」とアドバイスすることもある。そして、シャンパングラスの底に同じ色の花を仕込んでおくようにと。

想像してみてごらん。そのグラスにシャンパンが注がれた瞬間の女性の顔を。やらない手はないだろう？

食には、エロティシズムが内在する

爺さんのことを〝エロジジイ〟なんて呼ぶ人はたくさんいるけど、まあいいだろう。食というのは、官能の世界だ。食材、料理、そしてそれを楽しむ空間には、エロティシズムがなければね。食べるということは、五感を使って自分以外の他者を体内に受け入れることなんだから。

女性からすれば、自分の好みのタイプの男性と重なるような何かを感じる料理が、その人にとってのおいしい料理になる。エロい野菜。エロい料理。これがいちばんだ。言葉で「おいしい」なんて言ったって意味ないよ。言葉じゃないところで感じるもののほうが大事なんだ。

だから、「誰が何と言おうとこれがいい」と感じてもらえる料理を、シェフは作ればいいんだ。すべての男が同じ女を好きになるわけがないし、その逆もしかりだ。異性の好みはみんな違っている。実際世の中には、すごい美人の女性と、お世辞にもハンサムとは言えないような男性のカップルだってごまんといるわけだ。周りの人は、「あの人の何がいいの？」と不思議がる。本人たちに聞いたとしても、たぶん言葉ではうまく説明できないだろう。それでも惹かれ合うものがある。

未婚の若い女性には、「見た目で男を決めちゃだめだぞ」とよく言うんだ。どうして？と聞かれたら、爺さんはこう答えている。

「確かに、見た目が良い男には惹かれるさ。でも、どんなにイケメンだろうと信じるな。相手の目をまっすぐ見て話していればわかるよ。心にやましいことがあるやつは、必ず目をそらす。自分のことをイケメンだと思っている男は、それが武器だから、余計に見た目をよく見せようとするものだよ。だけど、表から見える部分ってのは、たいしたことないんだぞ」

ジジイのくせに何言ってんだよ、と言われそうだな。けれど、若い人がどうしたら魅力的な大人になれるかを考えてあげるのも年長者の役目だ。その極意をちゃんとわかっている女性は、年を重ねても色気やかわいらしさがあるもんだ。

男性にとって女性というのは、いくつになっても永遠に女性なんだよ。だから女性が畑に来ると、やっぱり元気になる。元気になるってことは、爺さんがその女性のエネルギーを吸い取っているということだな。だからその人は、翌日起きたらシワが一本増えているかもしれないよ（笑）。

異性の存在は、生命力の源だと思うね。だから、エロティシズムを感じることができない野菜や料理は、おいしくないと思うんだ。

元気のないジジイはだめだ。誰も相手にしないぞ

納屋の壁に、爺さんはいつもヌードカレンダーを飾っている。この本にその写真を掲載するわけにはいかないけど、決していやらしいものじゃない。見れば誰でもわかるよ、そんなこと。感受性は人によって違うけど、エログロ的にとらえてしまうような人は、心の中に何かそういう屈託を持っているんだろうと思う。純粋に生きている人っていうのは、まずそうは思わないな。子どもたちだってそうだよ。誰も変だとかいやらしいだとか言わないよ。口で説明しなくたって、子どもなりにわかるんだ。それを、ヌードだというだけで「子どもに見せちゃいけない」と思ってしまう大人のほうがおかしいんじゃないか？

その家では、子どもがお母さんの裸を見ていないってことだね。

男の子なら、お母さんや女のきょうだいと自分の身体が違うことを、絶対疑問に思うも

のだろう。どうしてかっていうことを、小さいときにちゃんと知識として教えておけば、性犯罪が起きたりしないと爺さんは思う。ときどき、社会的にはエリートと呼ばれるような人がそういう犯罪に手を染めたりすることがある。あれは、親から勉強以外のことを教わってこなかったからだろうな。不自然に隠すからいけないんだ。

カレンダーは、爺さんの活力剤。毎日タダで見られる（笑）。これで十分元気になれるね。逆に、80歳近くになって生身の女を追い掛け回してたら、ただの変態だよ。爺さんのエネルギー源はこのカレンダーと、娘たちだ。といってもうちには息子しかいないから、よその娘たちだよ。

たとえば、野菜の注文を取りまとめてくれている子には、「たまには爺さんに活を入れてくれ」と頼んでいる。ときどき発送を忘れそうになることがあるからね。そういうときに、「忘れてるわよ」と妻に言われると喧嘩になるけど、娘の言うことは素直に聞ける。「なにボケてんのよ！　だめじゃないの」とかきつく言われたりするのが、いちばんの特効薬だね。

日本の高齢化問題でいちばん肝心なのは、ここだな。だめな老人には「だめだ！」ってちゃんと言わないと。若い人から面倒見てもらうことばかり考えている年寄りなんて、何の役にも立たないからね。周りの人だって、元気のないジジイを相手にしたって楽しくないだろう？

年上の人に簡単にものを聞いちゃいけない、という風潮が日本にはある。いや、みんなが勝手にそう思っているのかもしれないな。うちに来るシェフや店のスタッフの中にも、そんな人が少なくない。だけど、仕事でそんなこと言ってちゃだめだ。爺さんはスタッフなんだし、お互い同等の立場で話さないとね。年なんて関係ない。

「これ、何？」という驚きを創り出す——キャベツ、カーボロネロ、レタス

新緑の季節を迎える頃には、気温も上がって収穫も増えてくる。昨年の秋に種蒔きしたキャベツも採り頃だ。グリーンボール系のやわらかい春キャベツは、小玉のうちに出荷する。冷蔵庫で場所を取ってしまう大きさの野菜は喜ばれないし、玉が小さければ最小限のカットで済むからね。スーパーでは大玉のキャベツを半分に切って売ってるけど、あれはなんでなんだろう。わざとまずくしているとしか思えない。切って売るくらいなら、最初から小さいのを作ればいいのに。

スープや煮込みなんかによく使われる「カーボロネロ」（黒キャベツ）は、イタリアのトスカーナ地方を代表する野菜だ。通常は冬によく出回っているけど、実は春のほうがやわらかいんだ。だから、この時期にも出荷できるように時期をずらして作っている。ふつうのキャベツは、煮すぎると崩れてしまうけど、カーボロネロは繊維がしっかりしていて肉厚だから、煮込めば煮込むほどおいしくなる。ミネストローネの具にすることも多いね。

ソフトボールレタスの収穫

レタスも、市場にはあまり出回っていない品種をいくつか作っている。まずは「スパニッシュレタス」。半結球状になっていて、歯ごたえはしっかり、シャキシャキしている。葉が密に茂っているからずっしりと重量もあるね。そのまま、ざっくりと半分に切り、フライパンで焼いて断面に焼き目をつけてから、とろけるチーズを載せてオーブンで焼くといい。簡単だけど、ちょっと気の利いた一品になる。

それから、爺さんが「ソフトボールレタス」と名付けたレタス。名前を聞いただけで、どういうものか、だいたい想像できるネーミングにしているよ。そう、ソフトボール大のサイズで、サニーレタスよりずっとやわらかいレタスだ。スーパーでは売っていないから、消費者から見ても新しさがある。「これ、何？」「こんな野菜があるんだね」という驚きを感じてもらえたらいいと思う。

春の終わりのお楽しみ——フィノキエットとファーベ

春も終わりに近づく頃、「フェンネル（フィノッキオ）」の野生種「フィノキエット」と、イタリア原産のソラマメ「ファーベ」が旬を迎える。

日本ではウイキョウの名で知られるフェンネルは、鱗茎《りんけい》（茎の根元の肥大した部分）をスープや炒めものにして食べることが多いけど、フィノキエットには鱗茎がなく、普通に茎葉を食べる。原産地の地中海沿岸では数千年前から自生していたそうで、魚との相性は抜群だ。

イタリアのシチリア島には「パスタ・コン・レ・サルデ（Pasta con le Sarde）」というイワシのパスタがある。6月に旬を迎えるイワシと、フィノキエット、松の実、サフラン、レーズンを入れたソースを、「ブカティーニ」という太めのパスタに絡めたものだ。見た目ははっきり言って地味だけど、この季節にはなくてはならない郷土料理だ。フィノキエットは野生種だから、一般的なフェンネルよりも香りが強い。個性の強いイワシと、それに負けないくらい濃厚な味に仕立てたソースに、本当によく合うね。

爺さんの畑では毎年5月に、樋口敬洋シェフが統括料理長を務めるサローネグループが中心になって「フィノキエット祭り」をやるんだ。同じグループのシェフやスタッフだけでなく、都内にあるシチリア料理店「シチリア屋」の大下竜一シェフとか、ふだん爺さんの野菜をいろいろ使ってくれている店のシェフたちも集まってくれる。大下シェフは毎年6月に「パスタ・コン・レ・サルデ」をメニューに組み入れている。同じ時期に出るのが、「フィノキエット団子」。店のファンからは「草団子」の愛称で呼ばれているが、パン粉、卵、ペコリーノチーズを使ってフィノキエットの葉を丸め、トマトソースで煮込んだものだ。

フィノキエット祭りの参加者は、多いときは50人以上になる。みんなでひたすら収穫して、一気に茹で上げる。それをうちで保存しておけば、生葉が収穫できなくなる夏以降の注文にも対応できるというわけだ。収穫後は、肉を焼いたり野菜を採って料理したりして、暗くなるまでみんないることが多いよ。

このフィノキエットはもともと樋口シェフが紹介してくれて作るようになったんだ。い

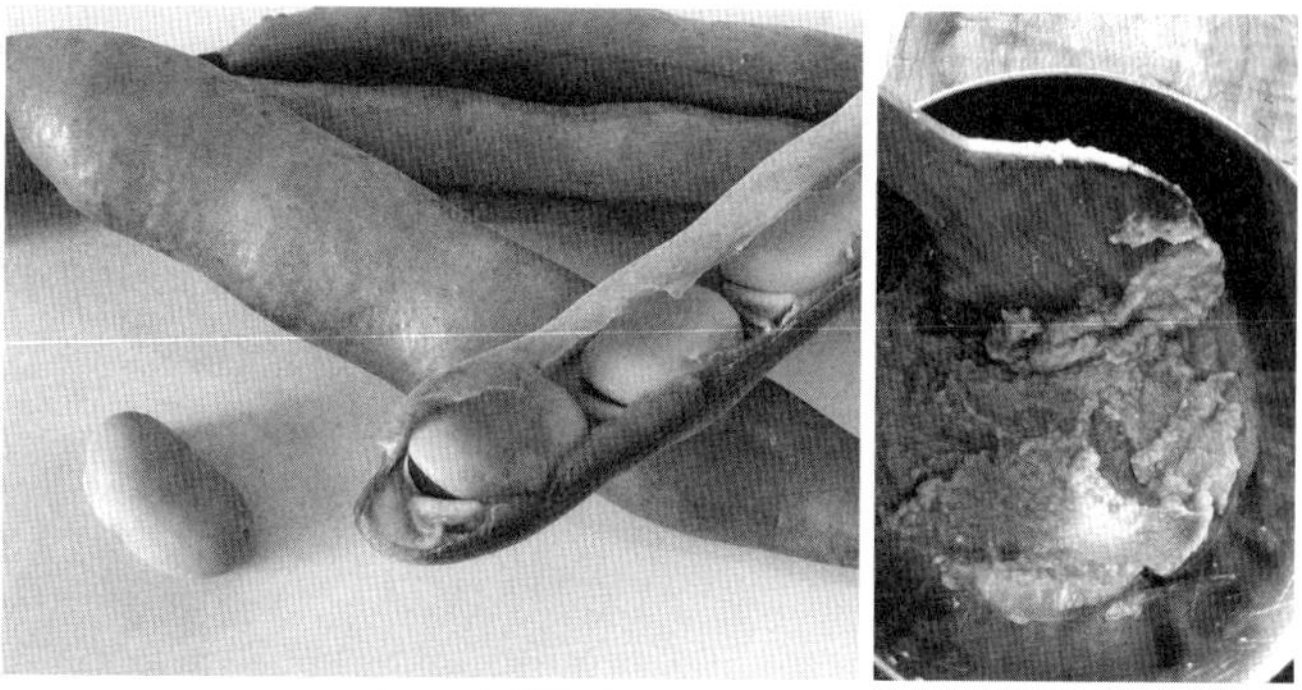

ファーベ（左）とファーベのペースト

「シチリア屋」のパスタ・コン・レ・サルデ

フィノキエット祭りの様子

までは、うちの畑の環境にすっかり慣れて完全に根付いている。花が咲いたあとは、風に舞って種があちこち飛んでこぼれていき、春になると自然に芽を出す。昨年は、キクイモの株元に種がたくさん溜まっていた。キクイモ自体はもう地上部が枯れているから、そこから突然、青々とした葉が生え始めたときはなかなかユニークな光景だったね。

昨春は、いままででいちばんいいファーベができた。イタリアのソラマメは日本のものより粒が小さくてやわらかいから、生のまま食べられる。イタリアでは、おろしたペコリーノチーズと一緒に食べるのが定番だ。生が苦手なら、莢ごと焼くといい。これは日本でもおなじみの食べ方だけど、ファーベでやると二倍美味いね。

大量に採れたときは、爺さんはペーストを作る。さっぱりしているけど、まろやかでコクがあって美味いんだ。作り方も簡単で、塩茹でしてハンドブレンダーをかけるだけ。生で食べられるくらいだから、さっと茹でるくらいでいい。ジェノベーゼペーストよりも鮮やかなグリーンに仕上がるよ。グリルした野菜に添えたり、パスタソースにしたりして使う。スライスしたバゲットにペーストを塗って、ペコリーノチーズを上に載せてもいいね。つまみにぴったりだ。

このペースト、じつはスイーツとも相性がいいんだ。プレーンな味のクッキーにつけて食べてみたら、これが意外といける。ヨーグルトやチーズケーキにかけてもいいだろう。

シチリア郷土料理「シチリア屋」
イタリア料理の修業中、自転車でシチリア島を1周したというオーナーシェフの大下竜一氏が「野暮ったくも滋味深い」と表現する、シチリア郷土料理の数々を楽しめる店。月替わりメニューはＳＮＳで発信している。
東京都文京区白山1-5-5 ＭＣ白山ビル１Ｆ
03-5615-8713
ランチ（土日祝のみ）12時00分～14時00分／ディナー18時00分～23時00分
月曜日・火曜日定休
Facebook：https://www.facebook.com/siciliaya/
Instagram：https://www.instagram.com/siciliaya/

カマキリも、ニホントカゲも大歓迎だ

ファーベの出荷先はもちろんレストランがメインだけど、知り合いの若い子たちが家族や友人を連れて収穫に来たりもする。もう実の娘みたいな感覚だね。昨年も総勢14人でファーベを採りにやって来た。

コロナ前はちょくちょく子どもを連れて顔を出してくれていたけど、しばらく来ていな

かったから、このときはずいぶん久しぶりでね。子どもたちもすっかり大きくなっていた。なかには何年も会っていなかった子もいて、最後に顔を合わせたときは幼稚園の年長だったのに、もう中学生。声変わりしているうえに、誰だかわからないくらい背が伸びている。「なんだよ、追い越されちゃったじゃねえか」と言うと、「爺さんこそ、いくつになったんだよ」なんて、いっぱしの口を利くんだ。時間が経つのは早いものだね。

圃場を駆けずり回って、虫を見つけるとつかまえて、「じいちゃん、これ何?」と嬉しそうに聞いてくる子もいる。「毛虫にだけは気を付けろよ」と言って自由にさせているよ。その子のお母さんに聞いたら、彼は外でカマキリの卵を見つけて持ち帰り、ちょっとしたパニックになったとか。家の中で孵化して、カマキリだらけになったんだと。大人たちはもう虫なんて嫌だから、床の上をうじゃうじゃ這い回るカマキリを早く追い出したいわけだ。

まあ気持ちはわかるが、じつは爺さんも、この子と同じことをしている。近所の林の周りで卵を見つけたら持ち帰っているんだ(笑)。花のハウスに入れておくと、ものすごい勢いで孵化する。カマキリは益虫だから、幼虫のときからアブラムシやらダニ類やら、いろんな害虫を食べてくれるんだ。大きくなるとカメムシを捕獲することもある。この時期、ハウスには体長が2センチぐらいのカナヘビ（ニホントカゲの一種）の赤ちゃんもいる。ちょろちょろと葉っぱの上を歩いて害虫を食べてくれるよ。

農薬が不可欠になった時代に

植物は、その種類によって集まりやすい虫や増殖しやすい土壌菌がある。化学農薬を使わない圃場には、いろいろな虫が自然に集まってきて捕食連鎖が起きる。要は、そこにひとつの生態系ができるようなものだ。それぞれ異なる微生物を増殖させる植物を混植したり、近くに植えたり、輪作したりすれば、土壌微生物相も偏らず、安定してくる。農薬がなかった近代以前は、こういう特性や自然の摂理を利用した植物の組み合わせ（コンパニオンプランツ）を考えて栽培する農家は少なくなかった。

手つかずの自然の中には、あらゆる種の植物が共存している。ところが人類が採集から栽培へ移行し、やがて大量生産のために単一作物を作付けせざるをえなくなってからは、不自然な状態が当たり前になってしまった。現代農業に大量の農薬や化学肥料が欠かせなくなってしまったのは、これまで自然がやってくれていたことを、人為的にやらざるをえなくなったからだろう。

いちばん厄介なのは、ＤＤＴ（ジクロロジフェニルトリクロロエタン）やＢＨＣ（ベンゼンヘキサクロリド）といった有機塩素系の殺虫剤だ。ともに19世紀にヨーロッパで合成され、戦後の日本に普及した。農業用途としては、水田、畑、森林と、あらゆる場所で使われていた。八街には昔、松林があってね。そこに薬剤が散布されていた時期がある。

下総《しもうさ》台地は江戸末期まで軍馬の放牧地だったが、明治以降は旧武士階級の入植先として開放された。昭和に入り、旧佐賀藩鍋島家の所領だった土地を千葉県が買い受け、県営自作農創設開発事業として開畑《かいはた》と耕地整理をした。そして多くの入植者を募り、食糧増産体制の基盤を整備した。爺さんの本家の祖父が入植したのも、このときだ。

その後、内陸防風保安林が造成された。このあたりは一年中風が強いうえ、富士山の火山灰が堆積してできた粒子の細かい土は、風で飛んでしまうからだ。当時は麦の栽培が中心で、強風が吹くと倒れてしまうこともよくあったそうだ。

ところが、この保安林の中でマツケムシ（マツカレハ）が大発生した。その駆除のために、ヘリコプターで殺虫剤が空中散布されたんだ。だから、周辺の田畑の土には多少なりとも薬剤が浸透している。ＤＤＴもＢＨＣも50年以上前に使用禁止になったけれど、いまも完全に分解されてはいない。

だから爺さんは自分の畑を「有機無農薬」とは言わない。農林水産省が定める有機ＪＡＳの規格には当てはまるのかもしれないが、それは嘘になると思うからだ。有機無農薬っていうのは、たとえば人間が１００年存在していなかったエリアで1から開墾するというなら成り立つ話かもしれない。だけど、現状でそれはなかなかありえないだろう。

ともあれ、この本では別に農薬不使用を推奨したいわけじゃない。爺さんは他人の農業を批判する気はないし、自分のやっていることこそが正しいなんて言うつもりは1ミリもないから。あくまで、60年以上百姓をやってきたなかで、自分自身がどのように考え、何をしてきたかを少しでも伝えられればいいと思っている。

夏——灼熱のとき

温暖化でも野菜は作れる。しかし……

夏が来るのが、年々早くなっている。立夏を迎える前から、気候はとっくに夏だ。昨年は4月中旬に、水たまりにボウフラが湧いていると聞いた。それからは、畑に来る人に虫よけの持参を勧めるようになった。

かなり早い時期から、農作業中の日よけが欠かせなくなった。農家は昔から、外傷や直射日光を避けるために手首や手の甲を覆う「手甲《てっこう》」というのをつけて作業していた。いまは、ホームセンターに行けばいろんなアームカバーが売っているから便利だね。UV加工されて肌触りがひんやりしたものとか、汗をかくと冷えるタイプのものまであって、長袖を着るよりも涼しい。

炎天下の作業はしんどいし、野菜を収穫しても、採った先から傷んでくる。だから夏は朝5時ぐらいに起きて、涼しいうちに作業する。そもそも年を取ると長く寝られないからね。睡眠時間はいま6時間半ぐらいかな。

それでもときどき夜更かしをする。昼間できなかった仕事や、やり残した作業があるときにね。たとえば水やり。日中暑いときの水やりは、熱湯を吸収するようなものだから植物が弱ってしまうし、病気が出やすくなるんだ。

熱風に弱い花にも気を遣う。換気をしても、ビニールハウスは熱がこもりやすくてね。夏は遮光ネットで光量や室温を調節している。春までは白いネットだけで事足りるけど、夏はより遮光率が高い黒系のネットも併用しないと防げない。黒いネットは直射日光の強い南側だけにかけておく。そうすれば、全体の明るさを確保できて生長の妨げにならない。ただ昨年は6月中旬の梅雨の晴れ間にいきなり猛暑が来てね、対処する前に花弁が焼けてしまって収量がぐんと減った。困ったものだ。

初夏に出荷する花は、ナデシコ、ナスタチウム、金魚草、あと品種によってはビオラなんかもまだ残っている。面白いところでは、マロウ（ウスベニアオイ）もこの時期だね。「色

マロウの花

星型の花が咲くペンタス

が変わるハーブ」として知られ、ハーブティーに使われる。

グラスにマロウの花を入れてお湯を注ぐと、目にも鮮やかなブルーのティーができる。しばしその色を楽しんだのち、レモン果汁を垂らすと、今度はきれいなピンク色に変化する。マロウには、ブルーベリーと同じアントシアニンという色素が含まれているためにブルーの色が出る。アントシアニンは、酸性に傾くとピンク色に変わる。マロウには消化器の粘膜を保護する働きがあるというし、食後にお客さんに出すと喜ばれるんじゃないかな。

そして真夏に主力となる花は、暑さに強くて丈夫なペンタス。アフリカや中東が原産で、小さな星型の花がたくさん集まって手まり状に咲く。赤、白、オレンジ、ローズ、パープル、ピンクなど、いろんな色があるし発色もいい。花をひとつずつばらして料理の上に載せると、思った以上に映えるね。

真夏になると、うちの畑でも40度ぐらいまで気温が上がる。いわゆる大産地は、毎シーズン同じものを大量に作って安定供給しなければならないから、毎年のように温暖化に対応した品種を選定しなければならないこともあると聞く。

もちろん、爺さんのところでも10年前や20年前とは作るものが違う。いままでと同じものを作ろうとしたって無理だからね。暑さに耐えられないから。温暖化が進むことは困った事態だが、野菜作り自体ができなくなるわけではない。ペンタスもそうだけど、暑い場所が原産の作物に切り替えていけばできることだ。

本当に美味い品種を厳選して栽培する——トウガラシ類

気候が変わって、トウガラシ類はずいぶん増やしてきた。ここで言うトウガラシっていうのは、パプリカ、ピーマン、唐辛子などを含めた「トウガラシ属トウガラシ」のことだ。世界中で作られているものを集めると、数千品種になると言われている。その中から、自分の畑と日本のレストランに合いそうなものを吟味していく。

そう、まずはリサーチだ。日本の産地の多くは、作ってしまってから売ることを考える。売る段階になって「どうやって食べるか」と聞かれ、レシピを作るところだってある。でもそれじゃ売れないね。作りたい野菜があったら、どういう食べ方があるか、どういう人たちが好んで食べているかというのをリサーチして、売り方を考えるのが先だ。それをもとに、作るかどうかを判断すればいいんだから。

これから商品化するのは、「トリニダードパフュームペッパー」と、「ペペロンチーノ」という2品種だ。前者は、名前に「パフューム」が入っているくらいだから、すごく香りが良いね。

後者は、サクランボのように丸くて赤いトウガラシ。長年抱いていた自分のイメージにぴったりの品種で、ずいぶん前から注目していた。イタリアのカラブリア地方が原産で、スペインでもよく使われているみたいだ。日本国内のレストランからも問い合わせがあったけど、種が流通していなかったから安定生産ができなかった。これまでは、海外から取り寄せたり、スペインで営農している元研修生が一時帰国する際に買ってきてもらったりしていたんだ。

しかしそれがなんと、地元のホームセンターで苗が売られているのを2年前に偶然見かけた。これだ！　と思い、棚に残っていた苗を全部買ってきて育てた。

小さいということでいえば、ブラジル原産の「ビキーニョ」も人気が出てきている。直径2センチ前後のころんとした雫型でね、生で丸ごと食べられる。もともと少し酸味があるから、ピクルスにぴったりだ。青いうちから採っていいし、オレンジに色づいたものも、赤く熟したものも一緒に収穫すれば、カラフルなピクルスができる。料理の彩りにもなるね。

ティンカーベル

「パプリカ」も、うちでは10円玉ぐらいのサイズで収穫しているよ。そう、赤とか黄色の、ピーマンを巨大化したような、あのパプリカだ。あの大きさになるまでには、実がついてから100日ぐらい待たなきゃならない。爺さんは「ティンカーベル」という名前をつけて、まだ緑色のベビーを出荷するんだ。

小さくても味は同じだ。それどころか、軸もまだやわらかいから丸ごとパクリと食べられて、捨

ライムホルン

さまざまな色・形のトウガラシを栽培

てるところがない。もちろん生でも食べられるし、ちょっと炙《あぶ》ってもいい。エクストラヴァージンオリーブオイルとおいしいチーズがあったら、ワイン好きならそれだけで一杯いける。じつはこれ、種がまた美味いんだ、甘みがあって。大きくなったパプリカの種は、硬くて食べられないだろう？

　うちで作るトウガラシは、ほとんどすべてが甘とうだ。日本の品種でいうと、「万願寺甘とう」とか「伏見とうがらし」がそれにあたるけど、甘いのではなく、辛くないトウガラシのことだ。辛いものを作らないのは、用途が限られるし、それに何と言っても子どもが食べられないから。唐辛子＝辛い、ピーマン＝苦い、っていうのをなんとかしないと、子どもにとっては嫌いな野菜ばかりになってしまうだろう。

あと、トウガラシ類は交配しやすいから、辛くない品種の隣に辛い品種を植えたら、みんな辛くなってしまうこともある。そういうことも考慮する必要があるね。

ピーマンも、苦くないものをここ数年作り続けている。

たとえば「ライムホルン」。名前の通り、ライムを思わせる明るい緑色で、牛の角（horn）のような形をしている。日本で開発された品種で、ピーマン特有の青臭さや苦味はほとんどないね。ふっくらと肉厚で、みずみずしくて、ほんのり甘みも感じる。これも生で食べられるけど、詰め物をして焼くのがおすすめだ。丸ごとグリルして、オリーブオイルをかけただけでも美味いよ。

メキシコ原産の「ハラペーニョ」も作っている。とても辛いイメージがあるけれど、じつは辛くない品種もあるんだ。その中でもとびきり香りがいいものを選んで、「香りハラペーニョ」という名前で出荷している。食感は、万願寺甘とうや伏見とうがらしに近いな。焼いても生でも食べられる。レストランでは料理の付け合わせに使われることも多いみたいだから、肉質がしっかりしたものを作るようにしている。

葉柄1本で、これだけオリジナリティーが出せる——バターナッツカボチャ

バターナッツカボチャは、春から夏にかけて地を這うように蔓を伸ばし、受粉した雌花が次々と実を結ぶ。最近はスーパーでもときどき見かけるようになったね。そう、全長20センチ前後ある、黄色いひょうたん型のカボチャだ。でもその大きさに達する前に、爺さんは7、8センチ前後のサイズのものもどんどん採っていく。「ポティロン」っていう名前で売っているんだ。フランス語でカボチャを意味する言葉だけど、日本語で発音すると、どことなくかわいらしい響きもあって、ぴったりだなと思った。

ポティロンはまだベビーだから、薄緑色のやわらかい表皮ごと生で食べられる。食感はシャキシャキしていて、カボチャらしい濃密な質感と、ほのかな甘みも感じる。小さくても形はちゃんとひょうたん型をしているから、スライスしてサラダに入れても面白い。メイン料理の付け合わせにしてもいいし、これを主役にした一皿もできる。たとえば、くし形切りにして生ハムを載せ、上からオリーブオイルをちょっと垂らす。生ハムがなければ、塩とパルメザンチーズだけでも十分だ。

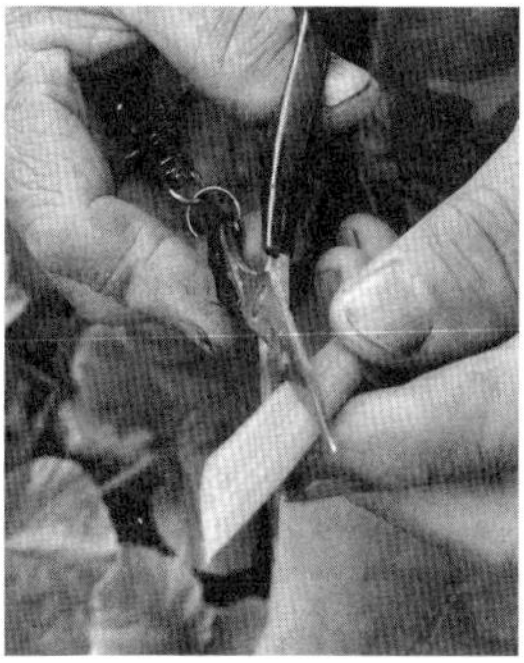
バターナッツカボチャの葉柄

ポティロンの収穫

家庭料理の場合は、少し色がつく程度にバターで炒める。ぬか漬けにしてもいいね。意外と用途は広いなと思う。もちろんそれほど長い期間は出荷できないけど、それゆえに希少価値があって、年々人気が出てきているよ。
このバターナッツ、実だけじゃなくて、じつは葉柄も商品だ。20センチぐらいにカットして、「ストロー」として出荷しているんだ。カボチャ農家の中でこれを出荷する人はたぶんいないだろうな。ただ、プラスチック製の使い捨てストローの使用を減らそうっていう動きもあるし、大麦の茎なんかで作った天然素材のストローも出回っているから、カボチャのストローだってもちろんアリだろう。
ストロー以外にも、ちょっと工夫すれば料理にオリジナリティーが出せる。たとえば葉柄の表面の筋をむいて、5センチぐらいの斜め切りにしてみると、どうだろう。

縦縞が入ったパスタのペンネにそっくりだ。本物のペンネとカットした葉柄を一緒に茹でて使ったら、新緑みたいなグリーンが映えて、皿の印象がパッと変わる。

「ペンネと同じ形をしているけど、なんか見慣れない野菜が入ってる。何これ?」って、レストランのお客さんも思うだろう。料理は、食べておいしいだけでなく、見た目の楽しさや驚きがあることも大事だからね。そこから客との会話も生まれる。爺さんの経験則で言うと、そういうとき、人は必ずと言っていいほどそれを友人・知人に報告するものだ。「今日、〇〇のシェフと話したよ」とね。料理を食べたことだけではなく、シェフと話せたことが、その人にとっての店の思い出になるんだ。

ミニサイズで丸ごと食べる野菜が、いちばん美味い

野菜というのは、包丁を入れた瞬間にまずくなるものだ。だから、なるべく切らないほうがいい。店をオープンしたばかりの若いシェフには、小さなサイズを丸ごと使うのがいいとアドバイスすることもあるね。1個丸ごと使えば、その野菜の本来の味もわかる。大きいものより使い勝手がいいうえに、単価も安い場合がほとんどだ。

だったら最初からミニ品種で育てればいいじゃないか、と言われそうだな。でも、それだと1＋1は2以上にならないだろうね。

ミニ品種っていうのは、通常サイズの品種と栽培日数がほぼ同じのものが多い。つまり、植物としては生長が遅くて時間がかかるということだ。しかも、一定の大きさ以上には生長しない。ということは、ミニ品種はミニ野菜としての価値しかないということだ。

当然、通常の大きさでの需要もあるわけだから、普通の品種を育てて段階ごとに出荷するほうが、より多くのニーズを満たすことができる。まだ小さいうちから食べてみて、大きく育てた場合と比べて味や風味が変わらないと判断したら、ミニ野菜として商品化する。どんな料理に使えるか、素材が若くやわらかいからこそおいしくなる一皿は何か、なんてことをイメージしたうえで、ネーミングなんかも考えていく。

いまでは、サイズを指定して注文してくるシェフもかなりいる。たとえば東京・西麻布の「レフェルヴェソンス（L'Effervescence）」からは、ゴルフボールサイズの玉ネギの注文がよく入るね。エグゼクティブシェフの生江史伸氏は、国内外でいまもっとも注目されているシェフの一人だ。それは、この店が東京のフレンチのトップの座にあり、ミシュランの3ツ星を獲得しているからなのか？　そんなことじゃないと爺さんは思うね。それは彼のやってきたことの結果に過ぎない。

レフェルヴェソンスはフレンチだけど、店で使う食材のほとんどが国内産だ。生江シェフは日本の料理文化をよく研究していて、日本にしかない素材もうまく取り入れてオリジナリティーを発揮している。ワカメとか、魚醬の「しょっつる」なんかも使っているようだ。

生江シェフは相模湾で素潜りをして海水温と海藻の量の相関性を観測したり、地元の漁師にヒアリングしたり、子どもたちを対象にワークショップを開いたりもしている。昨年の夏は国連の「世界海洋デー」で、気候変動で危機に瀕している海藻の重要性についてスピーチしたことも話題になった。食や料理というものを考えるときの視点の置き方や視野の広さが、他のシェフとはまったく違うのだろうと思う。

良い店は、すべてがつながっている

生江シェフが初めてうちの畑に来たのは10年以上前のことだ。「レフェルヴェソンス」の開店前だと思う。顔を合わせた瞬間に、「あれ、この人は違うな」と思った。他に同じタイプの人はいないな、という感じがした。細かいことは覚えていないけど、彼の目から感じ取れるものが他の人とは違っていたね。

挨拶した後も、最初の小1時間はほとんど話をしなかった。うちまで案内してくれた人がいて、その人に聞かれたことに爺さんが答えると、彼はそれに相槌を打つ程度。でもこちらの話をよく聞いていることはわかった。それから少し時間が経ってから、植物や食べ物についての爺さんの考え方などについて質問してきた。彼が帰るとき、「今度はスタッフの皆さんと一緒に来てください」と言った。

取引が始まるとすぐ、彼は本当に大勢のスタッフを連れてきた。それ以降、彼らのすべての対応や反応ががらりと変わった。たぶん店に帰ってから、生江シェフの感想や意見を聞いたんだろうね。入れ替わり立ち替わり畑に来るようになって、自分たちで収穫していったりもする。いまは若手のシェフがうちの担当になってくれているよ。

生江シェフは、日本全国のいろんなところにそうやって若手を送り込んでいる。野菜農家に限らず、畜産農家や酪農家、漁師、ハンターのところにもね。料理人自身が直接かかわらない限り、食材のことは決してわからないと理解しているから、現場に足を運ぶことをとても大事に考えているのだろう。

レフェルヴェソンスと取引をしているのは、爺さんと生江シェフがどんな話をしたからこうなった、ということじゃない。思いとか考えていることが、言葉じゃなくてもある程度感じ取れるっていうのがお互いにあったんじゃないかな。別にいちいち細かいことまで言わなくてもね。

あれは何周年のパーティーだったかな。招待されて行ったとき、彼がこんなことを言ったんだ。

「浅野さん、どの野菜がおいしいとか、誰の野菜がおいしいとか、そういうことじゃないんだね。すべては、作り手の味なんだ。それを料理にどう活かすかが、われわれの仕事だと思う」

レフェルヴェソンスでは、その日に使う野菜を客に見せてくれる

おいしいとかまずいじゃなくて、「作り手の味」と言ったのは生江シェフが初めてだった。他のシェフの口からはいまだにその言葉は出てこない。「いつもおいしい野菜をありがとうございます」とはよく言ってくれるけどね。

生江シェフに限らず、取引する店のシェフには「スタッフ全員で来てほしい」と必ず伝えている。料理が始まる場所にみんなが行くことが、その店の基本を作っていく第一歩だと思うからだ。

たとえば、その日のメインの野菜としてパプリカを使うとする。畑に行ったことがあるシェフなら、大きいパプリカだけでなく、ティンカーベルをサラダに入れてみようとか、パプリカの花を飾りに使おう、という発想がすぐに浮かんでくるんじゃないだろうか。花が咲いて実になり、大きくなったらこうなる、というつながりを作れるわけだ。サービス担当が畑でそれを実際に見たことがあれば、ひとつの食材のストーリーとしてお客さんに紹介できる。自分も畑に行って野菜を見たい、子どもを連れていきたい、という人もいるかもしれない。そうやって食材に対する興味が広がることで、お客さんとの関係性も深まっていくだろう。

パティシエだって、料理と無関係なはずがない。その季節、その日の料理にシェフがどんな野菜を使うのか、その野菜がどのように育ったのかを知れば、「だったらこんなスイーツがあるといいな」と、これまでにない発想が生まれるかもしれない。それこそ、野菜の花を使ったっていいんだ。コースの最後に、料理の余韻が伝わってくるようなデザートが出てきたら、お客さんはその店の料理をもっと美味いと感じるだろうな。

シェフでも、サービスでも、パティシエでも、立場はみんな同じだと爺さんは思う。バラバラに仕事をすると、一体感やまとまりがなくなってしまうね。それは店の雰囲気にも表れてくるし、そういうこと一つひとつが重なって、「おいしくない」というマイナスの印象に結びついていくだろうね。

オープンキッチンの店はそんなに多くないから、ほとんどの店は、フロアと厨房とのつながりが物理的に閉ざされている。けれど、本来は厨房とフロアはひと続きだということを当たり前に思わなきゃだめだ。ミシュランの調査員は、食事のあと必ずトイレに行ってチェックするという噂がある。料理以外の部分も重要視するということだ。トイレがきれいではなかったり、スタッフの服装が乱れていたりする店は、厨房も推して知るべし、と判断するのだろうね。

ナスは、小さいうちから採ったほうが長持ちする

夏野菜として、この時期トウガラシと並んで採れ始めるのがナスだ。もちろんこれも、普通の品種はほとんど作っていない。

見かけがユニークなのは、紫に白い縦線が入ったゼブラナス。千両ナスよりも大ぶりで、ふっくらしている。果肉がしっかり締まっているから、ソテーやグリルのほか、天ぷらにしてもいいだろう。きれいな皮の色を活かすなら、縦半分に切って、切り口の側にだけ衣をつけて揚げるといい。

ソフトボール大のサイズまで育つイタリア原産の丸ナスは、熱を加えることでトロトロの食感になる。輪切りにして、上にチーズを載せてオーブンで焼くことが多いね。詰め物をして焼いてもいい。縦半分に切り、中身をスプーンでくりぬいて器を作ったら、くりぬいた果肉を刻んでひき肉やベーコンと合わせて器に戻し、チーズでふたをして焼く。

いまはだいぶ普及してきたので量は減らしているけど、日本の種苗会社が開発した「マー坊」という品種も作っている。名前のとおり、麻婆茄子用の細長いナスで、長いものだと30センチ近くになる。皮が薄くてやわらかく、甘みがあって油との相性は抜群だね。一般的な千両ナスの中には皮が硬いものもあって、皮を剝いて麻婆茄子を作る店もあるようだ。けれどこのナスは、皮ごと使ってこそ美味い。

じつはこれ、初夏に小さい実ができ始めたタイミングで、「ピノキオナス」という名前でも出荷している。ヘタまで生で食べられるくらいやわらかいから、丸ごと付け合わせにしたり、サラダにする店もあるね。ナスは実が小さいうちに摘果することで木が傷まず、なり疲れしないで長く収穫できるという利点もあるんだ。

ナスは、気温が上がり始めると一気に実をつける。でもその時期にあまりに猛暑が続いてしまうと、木が弱ってしまう。灌水設備のない露地農家はもうお手上げだね。一応実はできるけれど、水分が足りないと、いわゆる〝ボケナス〟になる。暑い時期には毎晩水やりが必要な品種もあるから神経を使うね。爺さんは日没後から寝る時間まで、灌水チューブから霧状に水を出し続けるようにして水をやっている。

生でも食べられるピノキオナス

トウモロコシの思い出

水をたくさん必要とする作物といえば、トウモロコシだ。収穫期に水がなかったら、もう商品にならない。たとえ水があっても、気温があまりに高いと高温障害を起こして実が萎《しぼ》んでしまうこともあるんだ。

だから、猛暑日が続いているさなかにスーパーに並んでいるトウモロコシは、少し注意が必要かもしれない。皮に覆われているから、目で見ただけじゃわからなくて、家に帰って剝いてみたらがっかり、なんてこともある。逆に言えば、直売所なんかで皮を多めに剝いて実が少し見える状態で売っているトウモロコシがあれば、それは買いかもしれないな。そこまで見せるのは、生産者が自信を持っている証拠だから。

本当のことを言ってしまうと、トウモロコシをいちばんおいしく食べられるのは、生にしろ茹でるにしろ、畑で収穫してから30分以内なんだ。有名産地から飛行機で運んできて「産地直送で新鮮です」と言っても、目の前の畑で採ったばかりのものにはかなわない。一度でも採れたてを食べた人は、時間をかけて流通してきたものでは満足できなくなるだろう。

トウモロコシはたくさん生産者がいるので、爺さんはいまはもう、出荷せず自家用に育てている。出荷していたのはもう30年以上前になる。地元の生産組合の一員として、江戸川区のスーパーで朝採れを直売していた。

直売日は、午前三時に起きて収穫していたね。それをコンテナごとすぐに車に積み込み、

6時には現地に着いていた。店舗の開店は9時だったけど、トウモロコシはもっと早い時間に店の前で売っていた。さすがに収穫から30分以内とはいかなかったけど、ここまで採れたてに近いトウモロコシは他にはなかったんじゃないかな。回を重ねるうち、評判を聞きつけたお客さんで早朝からごった返すようになった。

常連になると、保冷バッグを持って待ち構えている人もいたな。トウモロコシなんて毎日食べるものではない。でもだからこそ、いちばんおいしい時期においしく食べたいという気持ちになるんだろう。

そのうち、スーパーに土地を貸している地主まで買いに来るようになった。しかも、地主の特権で〝予約〟まで入れてくる。店長も嫌とは言えないから、「浅野さん、地主が2ケース欲しいと言ってるから渡してあげてください」って前日に電話してくるんだ。

当日の朝スーパーに到着すると、地主のほうが先に来ていることもあった。トウモロコシを渡すと「今日のは特別いいね」と言ってくれたりする。「年を取ると、もう寝てられないんだよ」なんて、いまの爺さんと同じようなことを言っていたな。「今日はトウモロコシが来ると思うと、もう楽しみでね」と笑っていた顔を、夏になると思い出すよ。

鳥獣害を防ぐのに、科学的根拠が要るのか？

もうひとつ、日本の夏の楽しみといえば枝豆だ。昨年は黒枝豆と茶豆の種を蒔いた。やっぱり、普通の枝豆とは香りが違うし甘みも強いね。栽培自体は難しくないけれど、種蒔きをした直後は鳥についばまれてしまうことがあるから、芽が出るまでは用心している。長ネギも同じだね。芽を出した瞬間から、カラスとの闘いが始まる。

カラスを追っ払うために、マムシの形をしたゴム製のダミーを置いたこともあるけど、慣れてくると、やつらはすぐに偽物だとわかって安心してしまう。だから基本的には追い払うしかないんだ。爆竹を仕掛けたこともあるよ。市販の鳥追いのカイトも使っている。それでもあんまりしつこいときは、いよいようちの犬に働いてもらう（笑）。近くにつないでおくと、いるだけで嫌がるから。

意外と効果があったのは、ステンレスのパイプだ。銃に似ているからだろう。20～30センチぐらいに切って、あちこちに置いておく。銃は命の危険があるから、偽物かもしれないと思っていても、カラスは最大限に警戒するんだ。

食べ物を育てている以上、鳥獣害はもう避けられないね。イノシシは西日本を中心に増えていたけど、近年は関東でも被害が増えていて、電気柵なんかを設置する地域も多いと聞く。ただ、電気柵は値段が高いし、よほどきっちりと設置しなければ効果は限定的だと思う。柵の下のスペースが空きすぎていると子どものイノシシはすり抜けて入ってしまうからね。一度くぐれたなら、ただの柵だから、次からはなにも怖くない。もちろん運用コストもかかる。常時適正な電圧がかかっていなければ効き目はないからね。

電気柵を使わないとしたら、どうするのか？　そんなに難しいことじゃないよ。イノシシが嫌がることを考えればいい。

イノシシがいちばん怖がるのは、ほかでもない人間なんだ。だから、人間の匂いや気配がするものを畑に置いておけばいい。たとえば、カットした髪の毛を美容室から分けてもらって古いストッキングなどのネットに入れて、イノシシの背丈のあたりに数メートルおきにぶら下げておく。そうすると、ほぼ来ない。これはうちだけでなく、数カ所の畑で同じ効果が上がっている。

以前うちに研修に来ていた農家の一人もそうだった。彼は神奈川県で畑を始めたんだけど、作っても作っても、全部イノシシにやられていた。どうすればいいのかと相談され、いろいろ話を聞いていたら、彼の妻が美容師だという。ちょうどいいと思い、爺さんは自分のやり方をアドバイスしてみた。そうしたら、彼の畑にだけは来ないようになったらしい。近所の人が不思議がって質問攻めにあったそうだ。以来、彼の妻は店で出た不要な髪の毛をしょっちゅう持って帰るようになった。

髪の毛の調達が難しいなら、案山子《かかし》を置いておくのも効果的だ。でも、ただ置くんじゃだめだ。重要なのは、なるべく着古した着衣を案山子に着せること。「これはもう捨てるしかない」というくらいのやつがいい。人間の体臭がたっぷりしみ込んでいると、イノシシはなかなか近寄れない。

鳥よけカイト

タバコの吸殻も、人間を連想させるものだ。タバコを吸うハンターも多いから、イノシシは恐れる。人間がいる所には必ずタバコの煙の匂いがする、と学習しているからね。それくらい、人に対する恐怖心が刷り込まれているんだ。

人の匂いと気配を漂わせる。それがいちばん効果があると爺さんは経験上思っているけど、否定する人もいる。その理由は「科学的根拠がない」からだそうだ。そういう言葉を使う人の中には、電気柵メーカーなどの利害関係者もいる。よく「我が社の製品は、○○大学の△△学部教授の協力のもとに実験したデータにもとづいています」なんて能書きを垂れたりしているだろう？

そんな権威づけをしなくたって、別にいいじゃないか。農家が自分で考え、あれこれ試してみて、「この方法だとイノシシが来なかった」という結果を得たのであれば、なんの不足があるものか。農業には、科学的根拠がなければできないことなんてないんだ。

コラム③

道具は手づくり、機械は目利き——百姓の工夫

「目で見て、手で覚えろ」。幼い頃から祖父・鷲太郎の言葉を胸に刻んでいた浅野は、手先が器用で仕事の呑み込みが早かった。地元の中学を卒業後は県立の農業高校に進学したが、「退屈で仕方なかった」と振り返る。

「だって、学校で習うようなことはもう全部、家でやって知っているから。教わること

なんてないよ」

たとえば、米俵を縄で縛る実習などは、米農家の長男でもてこずる作業を難なくこなした。浅野家の本家では麦を栽培し、俵に詰めてビール会社に卸していたため、俵を縛って運ぶことなど朝飯前だ。ところが同級生の農家の息子たちは、俵を担ぐこともできなかったと、浅野は振り返って笑う。

「あれはね、力じゃなくてコツがいるの。持ち上げる角度とか、身体のどこに引っかけるかとかね。真下から持ち上げたって上がるわけがないよ。理屈じゃなくて、大人がやっているのを見て身体で覚えるしかない。コツをつかめば自然と力もつくようになるしね。17歳とか18歳なら、体格はもう大人と変わらないんだから」

結局、高校は2年で中退し、17歳で就農した。1960年代初頭、ちょうど日本に乗用車や大型農機が普及し始めた頃だ。本家でもさっそくトラクターやオート三輪が導入された。浅野はすぐに新しい乗り物に夢中になり、運転も覚えた。工業高校卒の叔父からはエンジンの仕組みを教わった。見よう見まねで車やバイクの修理もできるようになると、「草刈り機が壊れた」「トラクターのエンジンがかからない」などと、近所の家から声がかかるようになる。そんなときは、自分の仕事を中断して駆け付けた。「人から頼まれたことは、自分の用は後回しにしてでも、とにかくやってやれ」という祖父の教えが身に付いていたからだ。

「頼んでくるということは、その人は困っているわけだからね。すぐに行ってやらなきゃだめだよ」

浅野が物心ついた頃から、百姓としての心構えや、人としてのあり方を、鶯太郎氏は自身の背中で見せてきた。その祖父と同様、浅野も「百姓」を自任する。彼が自負する百姓とは、「農民」や「田舎者」を侮蔑する呼称ではなく、「百の仕事ができる人間」という意味だという。

エコファーム・アサノの納屋の入口には、工具や機械が所せましと置かれている。何をどんな用途に使うのか、素人目にはまったくわからないが、浅野はここで、道具や装置を改造したり、メンテナンスをしたりする。機械が壊れたら部品を取り寄せ、できる限り自分で修理する。

「当たり前のことだよ。人に頼んだって、自分の意のままに動かせる道具にはならないからね」

日頃から、浅野は国内外で装置や器具を手づくりする人の投稿をフェイスブックで見つけては備忘録的にシェアし、ヒントを得ている。

現在使用している中古のトラクターは、ネットで探して買ったものだ。機械の〝目利き〟さえできれば、実物を見ないで買っても問題ないのだという。

「かなり年数が経っていたけど、錆びていなかったし、エンジンも焼けていないのがわかった。掘り出し物だよ。こういうのは画像を見ただけで即断できないと、すぐ他の人に取られちゃうよ。どこか悪かったとしても、修理可能かどうかを判断して、自分で直せる範囲なら買う。百姓は、創意工夫ができて、作業効率を考えられなきゃだめなんだ。機械ひとつで楽にできる作業もある。だから、いつも使えそうなものを探しているよ」

フィノキエットの花は、絶妙なスパイスだ

ハーブが育つエリアではこの時期、ローズマリー、ミント、アキレア（ノコギリソウ）、イタリアンパセリ、ネピテッラなどが旺盛に茂っている。ネピテッラは日本ではあまりなじみのないハーブだけど、ミントの仲間で、キノコとの相性がいいね。だから、秋に向け

て需要が増えていく。

春に葉を出荷したフィノキエットは、夏になると花芽がつく。爺さんはこれを摘んで、オイルサーディンやシーチキンと和えて食べる。味付けにアンチョビを少し入れるのがポイントだね。香り高く、やわらかい食感を楽しめる。

フィノキエットがとう立ちすると、セリ科特有のスプレー状の花茎が伸びる。その先についた小さい蕾《つぼみ》は、魚料理のスパイスにぴったりだ。凝縮されたような香りがたまらない。サーモンなんかに振りかけて食べると、たった1粒でもしっかりと存在感を発揮する。

黄色い花が開いたら、サラダやスモークサーモン、カルパッチョなどに彩りとして散らすのもいいだろう。甘い香りと、ピリッとした刺激がほどよいアクセントになる。

花を収穫したあとの茎も、切ってワインやオリーブオイルに漬けておくと、魚料理の調理中に香りづけとしていろいろと使える。白ワインビネガーのボトルに漬けておいたのをテーブルに出せば、食べる人が自分で味の変化をつけられる。

あとは酒だな。薬草酒のアブサンにはもともとフェンネルシードがボタニカルとして使われているから、相性の良さは言うまでもない。オリジナルのスピリッツとして、ちびちびやる楽しみができるぞ（笑）。

イタリアでは、レモンの皮から作る「リモンチェッロ」や、フィノキエットで作る「フィノキエットチェッロ」などを食後酒として楽しむ習慣がある。爺さんは毎年、福岡県朝倉市の酒造メーカー篠崎のラボにフィノキエットを送っている。「Geek cello」という商品名で販売しているが、これがなかなか面白い。

本国では葉を高濃度のアルコールに長期間漬け込み、水と砂糖だけで作ったシンプルなシロップと混ぜて仕上げる。一方、篠崎の柳祐太朗氏は、フィノキエットをたった一晩しか漬けない。長く漬けると苦味や青臭さが出るからだ。その代わり、シロップを造る際にもフィノキエットをたっぷり使う。これをあわせることで、フレッシュなフィノキエット

フィノキエットの花

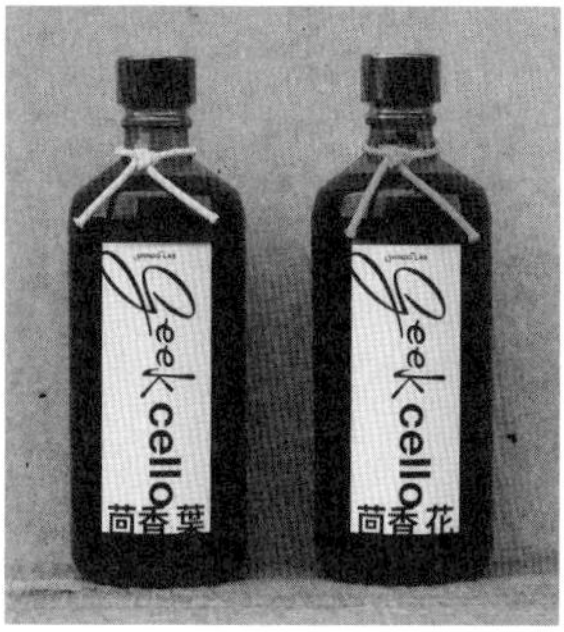

Geek cello
各500ml、2900円（税別希望価格）

の香りをぎゅっと閉じ込めることができるのだという。
ハーブの中には一年中ハウスで育てられるものもあるけれど、露地のフィノキエットは限られた季節にしか収穫できない、まさに旬のハーブだ。葉、蕾、花、茎、種に至るまで丸ごと使えて、それぞれ楽しめる時期が限られている。あの独特の香りも、日本原産のハーブにはないもので、やみつきになる人もいるね。日本でハーブというと単なる香りづけというイメージがあるけど、爺さんは「食べられるハーブ」というのを意識している。
日本のハーブの代表格といえば山椒だ。爺さんも春には花山椒を出荷しているが、収穫できるのは1、2週間だね。いちばんいい状態というのは10日ぐらいしかない。上旬・中旬・下旬というように、日本の「旬」という文字は一カ月を3等分した10日間のことをいう。旬といったら、それほどに短いんだ。だからこそ、そこに価値がある。

香り高い食後酒「Geek cello」

チェッロ（cello）とは、イタリアで家庭的に親しまれているお酒で、日本でいうと梅酒のような存在。主に食後酒として、小さなグラスなどで嗜む。商品名の「geek」とは「オタク」の意。イタリアでは通常、フィノキエットの葉だけをチェッロにするが、素材と製法に徹底的にこだわる篠崎の「SHINDO LAB」では、エコファーム・アサノから花も仕入れ、葉のチェッロと花のチェッロをそれぞれ製造している。
製造販売元：篠崎
問い合わせ：0946-52-0005

「ふるさと」の環境を作ればうまくいく

ハーブが植わっているところや、南米やアフリカ原産の野菜を育てている畑に、爺さんはときどきコーヒーかすをぱらぱらと撒いている。コーヒーには防虫効果があるとも言われているけれど、そういうことはどうでもいいというか、別に防虫が目的じゃない。むしろ土壌にミネラル分を足すような感覚かな。日本ではない土地の土壌から生まれたものを入れるというね。

まあこれも、爺さんの勝手な思い込みだ。科学的根拠なんて何もないし、どの成分がどのように作用するからどうの、という理屈でもない。単に、日本とはまったく違う国で育った植物は、その土地に合ったものを吸い上げているはずだから、ここにはない何かがあるはずだ、という感覚でやっている。

野菜を作るときは、そのルーツ、つまり原産地がどこなのかを考えることがいちばん大事だと思うね。それを考えたうえで、原産地の気象や土壌に合うように作っていくこと。もちろん、ここは日本なんだから、そっくり同じ環境なんて作れるわけがない。原産地が持つ条件のうち、何かひとつでもクリアしていればいいんじゃないかな。そうすると植物は勝手に勘違いしてくれる。「あれ？　ここはふるさとと同じじゃないか」と。そして、ふるさとの環境に合うように育とうとするから、逆に能力が出る気がするね。

たとえば、ジャガイモ。原産地は南米のアンデス山脈のあたりだから、雨が少なくて乾燥した涼しい気候で本来は育つ。だから日本でも、梅雨がなくて夏も涼しい北海道が産地としては最適地なわけだ。

爺さんがジャガイモを作るときは、畝《うね》をかまぼこ型に盛り上げるようにしている。畝を高くすると、排水性は良くなる。そう、ジャガイモは、「ここは湿度が低いな」と勘違いしてくれるわけだ。春一番に種芋を定植すれば、猛暑になる前にある程度イモができてくるので、貯蔵しながら冬まで出荷している。

余談だけど、「インカのめざめ」という品種は粒が小さいものも多いから、その特性を活かしている。小粒のイモをふつうのサイズと分けて選別し、極小のものは「ビーンズポテト」、栗ぐらいの大きさのものを「マロンポテト」と名付けて売っている。ここまでずっと言ってきたように、小さい野菜は、小さいなりの使い方がいくらでもあるからね。

植物が健全に育つには、本来の生育環境をひとつでも用意されていることが重要だ。そしてもうひとつ、病害虫を防止するためには虫の生態を考えて早めに処置することだね。虫に食害されてから慌てる農家もいるけど、最近の農薬は毒性が低いぶん効き目が穏やかだから、被害が進んでから薬を使っても効かない。効かないと量を増やしたくなるが、濃度を上げたって効果は変わらないよ。

　これはね、軍事戦略と同じなんだ。相手の弱点は何か、どんなときに油断するのかというのを考える。虫がいちばん弱い時期というのは孵化直後だ。人間の赤ちゃんだって同じで、母乳を飲んで免疫ができていくのは生後1カ月後ぐらいだ。畑に虫の成虫が1匹でも飛んでいたら、それはもうどこかに産卵していると思って、葉の裏なんかをよく見るといい。孵化させないための薬もあるからね。爺さんは化学農薬ではなくて、バクテリアなどを利用した微生物農薬を使っている。孵化し始めたごく初期のうちに施用すれば、だいたい退治できるよ。

　ただ、何事も100パーセントというのはない。必ず生き残るやつはいる。亀を飼っていたときは、それを捕まえてエサにしていたよ（笑）。

マロンポテト

品種選びは、恋愛と同じだ

長く野菜を育てていると、だんだんと「野菜」を作っているという意識がなくなってくる。全部「野草」なんだと思うようになるんだ。

ときどき冗談でシェフに聞いてみることがあるんだ。「野草と野菜って、どう違うと思う？」と。みんなすごく真剣に考えて、答えを出そうとしてくれる。でも、答えは簡単だ。字が違うだけ（笑）。

人間はもともと狩猟と採集をして食べていたわけだから、野菜のルーツは、みんな草だ。その中から自分たちが使えるものを選び、採りに行かなくても手元で育つように種を蒔いた。それを野菜と呼ぶようになっただけのことだ。

うちの畑に来てハーブを食べた人たちはよく、「いままで食べたのとは違う」と言ってくれる。それは嬉しいことだけど、「おれは作ってないよ。勝手に生えているだけ」と答えることも多い。うちで野菜として出荷しているものは、種を蒔いた結果、生き残った野草だと考えているからだ。

気候や土壌に合わないものは、どんどん淘汰される。それが自然というものだ。それなのに100パーセントを求めてしまうから、化学農薬に依存したり、過度な栄養を与えたりすることになってしまうんじゃないかな。日本の農業は、「キロいくら」の価値観だから、ちょっとでも生育が悪いと農家は不安になり、やらなくていいとわかっているのに肥料を入れてしまうこともあるんだと思う。

爺さんは何年か前に畑の土壌診断を受けたことがあって、そのときの診断は「栄養失調」だった。望むところだ。だって、野菜に栄養はいらないんだから。必要なのはミネラルだ。これについては、また後で話そう。

うまくいくのか、だめになるのか。毎年の品種選定と試作は、恋愛に似ているね。すべては、考えて、チャレンジしてみないとわからないものだから。

女性に声をかけるとき、最初からだめだと思って声をかける男性がいるだろうか。やってみなきゃわからないと思うから、勇気を振り絞って声をかけるんじゃないか？　ハードルが高いなと思っても、じつは相手は自分のことをいいと思ってくれているかもしれない。その逆もしかりで、自分だけが惚れていて、相手はこちらのことなど眼中にないかもしれない。作物や品種を選ぶときっていうのは、カップルが誕生するかしないかという局面と同じだと思うんだ。

たとえカップルになれても、長続きするかどうかはまた別の話だ。翌年は心変わりしてしまうかもしれない。いつも一緒にいたら、嫌な部分を見たり、思っていたのと違う事態が起きたりすることもあるだろう。その反面、慣れてきたからこそ対処できることもたくさんあるはずだ。

険悪な雰囲気を打開できないときは、相手が想像もしないようなアプローチをしてみるのもアリだな。相手の意外な面を引き出せるかもしれない。反対に、何をしてもどうにもならない、徹底的にだめということなら、もう別れるしかない。

これ、植物と人間の関係にそっくり当てはまる感じがするね。

新しいものを試作するとき、爺さんはその作物の基本的な管理を一通りやる一方で、基本と違うこともいろいろと試すことがある。ただの草だと考えればいい。草は勝手に生えてくるんだから、既存の概念にこだわることはないんだよ。

たとえば、通常は種蒔きや定植の前には元肥といって、土にある程度の肥料分を混ぜることが多いが、それをやめてみたり、種蒔きの時期自体をずらしてみたりする。明らかな失敗もあるし、「やっぱりだめだったか」と思った翌日に急に芽が出てきてすくすく伸び始めたりもする。チャレンジをしてみて初めて、自分がしたことが余計なことだったのか、やってよかったことなのかがわかる。最初から失敗しない範囲でしか挑戦しないなら、結果もその範囲でしか出ない。そんなの、楽しくないだろう?

農家もシェフも、子どもをもっと大事にしろ

真夏の酷暑のさなか、水分補給を兼ねて爺さんが毎日食べているのは、自家用に作っているスイカだ。毎年2、3品種は試している。近所の農家では栽培を前倒しして5月頃から収穫を始めている。うちでは6月頃から花が咲いて、7月・8月に収穫する。昨年から試している新しい品種が、いまいちばんのお気に入りだ。種なしで、他の品種に比べて水分も多くて食べやすい。遊びにきた子どもたちも喜んでいるから、いっそ商品化しようかなと考えている。

自家用の種なしスイカ

爺さんは子どもが好きだから、畑に来たらいつも

一緒に遊んでいる。もっとも、好き嫌いに関係なく、農家は子どもを大事にしなければだめだ。なぜなら、彼らは10年後の消費者だからね。目の前の子どもが「これ、好き」と言った野菜は、もしかしたら今後数年で流行るかもしれない。爺さんが辛くないトウガラシしか作らないのも、この点を重視しているからなんだ。

種苗会社も、そういうことをもっと大事に考えて品種開発をすればいいのにと思う。その視点で自分たちが考えたこともないのに、「子どもが野菜嫌いなのは仕方ない」と思ってしまっている大人が、なんと多いことか。

たとえば、ピーマンが嫌いな子どもは昔から結構いる。それが何十年と変わらないのはなぜなのか。ピーマンのどこが嫌いかということを真剣に考える開発者がほとんどいないからじゃないかな。彼らが考えるのは、収量が多いこと、農家が栽培しやすいこと、そして、輸送に耐える性質であること。この3点しか重要視しない。シンプルに、「誰が食べてもおいしい」という要素を大事にしなかったら、育種をする意味がないと思うんだが。

未来の消費者を育成するために、いろんな食体験をしてもらうことも大切だと思っているよ。だからいま、レストランに提案しているんだ。「ひと月に1回でもいいから、定休日をキッズデーにあてたらどうか」と。小さなポーションで、品数も減らしていいから大人と同じようなコース料理を出すんだ。小さい頃からレストランの体験をさせて、その楽しさをわかってもらえたら、それは間違いなく将来につながると爺さんは思う。

でも、シェフたちの反応はあまりよくないな。オーナーシェフでないと難しいのかもしれないけれど、いまのところ、誰もキッズデーをやろうという人はいない。この点に関しては、マクドナルドを見習ってほしいね。子ども向けに、単に遊び場を設けているだけじゃない。子どもの好きな色使いや味付け、サービスをしているんだ。だから一度行った子どもは、次に親が「どこ行きたい？」と聞くと、みんな「マックがいい！」と無邪気に言う。爺さんはマックに行ったことないけど、小さい頃から行きつけている人は、きっと70歳、80歳になっても足を運ぶんだろうな。マクドナルドは、それだけ戦略的にやっている。

料理人は、それを指をくわえて見ているだけでいいのか？　子どものときに食べておいしいと思ったものって、何年経ってもずっと覚えているものだ。想像してみたらいい。レストランという空間の価値を知った子どもたちが、大きくなったときにどんな選択をするのかを。「今日は特別な日だから、おいしいものを食べようか」っていうときに、彼らはファストフード店に行くだろうか。

秋——練熟のとき

秋一番に実る、シチリアのウチワサボテン

「暑さ寒さも彼岸まで」というが、彼岸の頃は毎年確かに涼しくなるね。それでみんな油断する。けれど近年は、必ず暑さがぶり返すから厄介だ。爺さんも気を付けているよ。ちょっと雨で濡れたりして、そのまま着替えないで作業を続けていたりすると、あれ？という違和感を感じることがある。特に季節の変わり目では、風邪気味だと感じたらすぐ、予防的に風邪薬を飲むようにしているよ。それでだいたい治まるね。最初が肝心なんだ。熱が出た、頭が痛い、ってなってから飲んでも長引くね。

予防的に飲むわけだから、用量は少なめにする。2錠飲む薬なら1錠。身体が薬に慣れ

てしまうと効かなくなるから、最小限にしておく。農薬だって同じだよ。昔の農薬はいまの薬より毒性が強かったから、連用しても効き目が衰えることはほとんどなかった。けれど、いまは人体への影響を考慮して規制が厳しくなり、昔より効き目が弱い。効かないからって濃度を上げても、あんまり変わらないよ。量よりも、効果の出るタイミングをよく考えることが大事なんだ。

農家の軒先に実る秋の果実といえば、柿やリンゴが多いね。爺さんの畑にも柿の木がある。でもそれより早く、秋の到来を真っ先に知らせてくれるのはウチワサボテンだ。

２０１４年だったかな。シチリア在住のシェフが一時帰国したときに、うちにサボテンの葉を１枚持ってきてくれた。大きくて肉厚な葉でね、面白いなと思って試しに農場の入口に近い場所に植えてみた。そうしたら、特別なことは何もしていないのに、みるみる増えてね。いまはもう、葉っぱが２００枚近くになっているんじゃないかな。

そして９年目を迎えた２０２２年６月、葉の縁に小さな芽がいくつもできた。やがて黄色い花が咲き、９月になって実を結んだんだ。次の年も、同じようにたくさん実がついた。最初は緑色だけど、日を追うごとに徐々に色づいて、黄色やオレンジ色に染まっていく。

シチリア島では、サボテンの実は「フィーコディンディア（Fico d'India）」といって、

ウチワサボテンは葉の縁に実をつける

秋になると市場やスーパーの果物売り場に山ほど並ぶそうだ。硬くて鋭いトゲがたくさん生えているから、食べるときは手を使わず、トングでおさえて包丁を入れ、皮を取り除くようにしている。

フィーコディンディアを直訳すると「インドのイチジク」だけど、食べてみると、イチジクというより熟れた柿に近いかな。濃厚な甘みがある。爺さんは生ハムを巻いて食べるのが好きだな。

初めて花が咲いた年、樋口敬洋《ひぐちたかひろ》シェフがシチリア島にある「バイバイブルース」本店のパトリツィア・ディ・ベネデットシェフを連れて見に来たよ。全然気候が違う日本の千葉で花が咲いたことが信じられないみたいだった。

このときの訪問目的は、新しく開店するレストランのための食材探しだった。樋口シェフが統括料理長を務めるサローネグループは、10年連続ミシュランの星を守ってきたシチリアの名シェフであるパトリツィアと提携して、その年の秋に東京・丸の内に「バイバイブルース東京（byebyeblues TOKYO）」をオープンした。その準備期間にパトリツィアは来日し、日本におけるシチリア料理のあり方を探るために自ら東京近郊の農家を回っていたんだ。

真夏みたいに暑い日に、2人はスタッフとともに電車を乗り継いで八街《やちまた》までやってきた。爺さんが畑をひとしきり案内しながら夏野菜を収穫すると、パトリツィアシェフはそれを使ってテストキッチンでサラダやパスタを作ってくれた。

「イタリアと時差のない料理」というのが、店のテーマなんだそうだ。彼女は開店後も年に2回くらい来日し、1カ月近く滞在して国内の生産者を回り、テーマに沿う食材を探している。23年の春に2回目の訪問を受けたときも、大根菜花やスティックトップなんかをうまく使って何品か作ってくれた。

彼女が料理をしているところを見たけど、お母さんが家族のために台所に立っているような、おおらかな風情があったな。何か特別なことをしているわけじゃない。でも、彼女が作るものは、味が違うんだ。おいしいとかまずいとかいう単純な次元ではない。表現するのが難しいんだけど、もっと何か特別なものを感じた。

最盛期には10品種近く作っていたニンジン

立秋を過ぎた頃から、畑では秋冬野菜の種蒔きが始まって9月中旬頃まで続く。春蒔きよりも、秋蒔きの野菜のほうが少ないね。夏に向かって気温が上がっていく春とは逆に、これから寒くなっていくわけだから、どうしても品目数が限られてくる。だからといって、これだけ燃料費が高騰するなか、わざわざハウスを建てて暖房してまで作りたくない。そもそも、暖房しないと作れないようなものを、その時期に食べるもんじゃないだろうと思う。

まずはニンジン。冬の主力作物のひとつだ。うちで出している野菜の中でもいちばん栽培歴が長い。たぶん50年近く作っているかな。前に書いたけど、いまみたいな仕事をするひとつのきっかけになった野菜だ。

昔は1カ所に数粒の種を手で蒔いていた。芽が出たら、生育のいいものを1本残して間引きするという作業があった。地面に膝をつき、前かがみになっての作業だからきつかったね。いまは種の品質が良くなったから、1カ所に1粒で大丈夫。種蒔き作業自体も楽になった。種蒔き用のテープ（シーダーテープ）に種を等間隔に挟んで、播種機に装着し、ゴロゴロと動かすだけ。土かけと鎮圧も同時にやってくれる。種を蒔いて1カ月ぐらいすると本葉が4、5枚出てくる。全長5センチ前後まで育ったら、まずは「ミニニンジン」として収穫する。やわらかくて丸ごと食べられるから、葉っぱをつけたまま出荷すると、その姿のまま付け合わせに使う店も多い。

品種選びが肝心だ――大根、葉物野菜、エシャロット、プチヴェール

大根は、少しずつ品種を入れ替えながら、年間10品種ぐらい作付けしている。これもニンジンと同様、調理法によって向いている品種が違うからだ。秋冬向けの主なものは、「朱《しゅ》大根」「紅くるり大根」「紅芯《こうしん》大根」「黒長大根」「ロングスカーレット（赤長二十日大根）」といったところかな。

冬に出荷する葉物野菜は9月の上旬から中旬にかけて種を蒔き、ある程度の大きさに育つまでトンネルがけ*をしておく。「ちぢれカラシナ」「パープルカラシナ」「レッドマスタード」「ちぢみほうれん草」「ステロッソ（赤軸ほうれん草）」「紫白菜」「スイスチャード」

など、色がきれいなものや希少性のあるものを中心に、味が良くて使い勝手がいい品種を選んでいる。商品名は、もともとの品種名や通称をそのまま使う場合もあるし、ぱっと聞いてわかりにくいものは自分で名前をつけるようにしている。

日本では「イタリアの菜の花」として知られ、カブの花芽をとう立ちさせた菜花「チーマ・ディ・ラーパ」も、昨年まで作っていた。日本の種苗会社でも数社が扱うようになってきたから、名前を知っている人も少なくないだろう。収穫時期も日本の菜の花と同じくらいの時期で、秋に種を蒔いたら冬の終わりから初春にかけて収穫できる。プーリア州では、もちもちした耳たぶ型の「オレキエッテ」というパスタに合わせ、アンチョビとニンニクで味付けして食べる郷土料理が有名だね。日本では比較的カジュアルなイタリアンなんかで、オイルベースの「菜の花のパスタ」として出す店をよく見かける。

だけど、2023年の収穫を最後に栽培をやめることにした。最近ますます気候が極端になってきたから、冬の寒さで凍ってしまうようになったからだ。でも別に困らないよ。

色も形もさまざまな大根とカブ

チーマ・ディ・ラーパは作る人が増えているから珍しくなくなったし、菜花は他にもある。春先に大根をとう立ちさせて作る大根菜花はまだ出荷者も少ないから、かえってこちらのほうが希少性はあるね。

他にも、中国原産の「コウサイタイ（紅菜苔）」という菜花を作っている。葉と茎が紫色で、黄色い花が咲く。チーマ・ディ・ラーパより寒さに強いから、厳寒期にはトンネルがけをしておけばなんとか育つね。

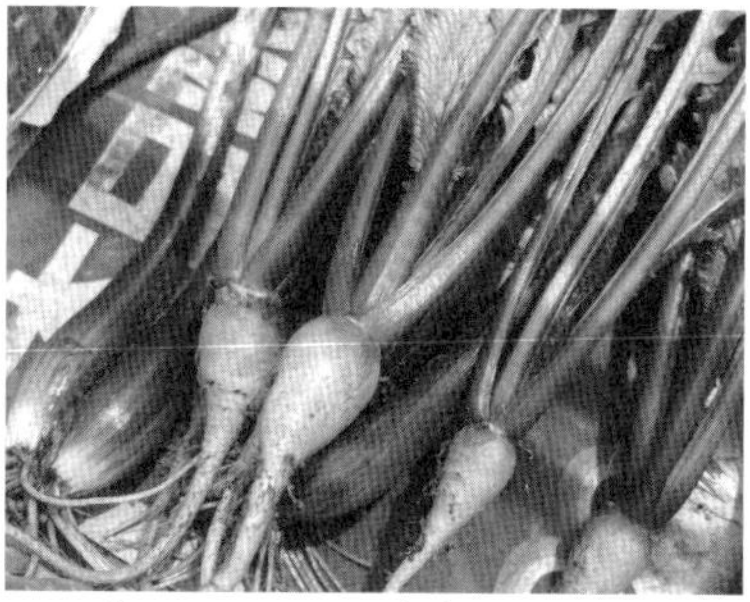

紫のエシャロット（左）とミニ大根

香味野菜の「エシャロット」の定植も、この時期だ。日本のスーパーでよく売られている「エシャレット」という野菜は、ラッキョウを若採りしたものだ。爺さんが作るのはラッキョウと玉ネギのハイブリッド種で、きれいな赤紫色をしている。春から夏にかけて収穫するんだが、その一部を種球として次のシーズンのために使う。ニンニクのように鱗茎《りんけい》（地下茎）が数本集まって結球しているから、それを一本ずつばらして植えるんだ。長ネギと同じように、生長に応じて株元に土を寄せて遮光することで、やわらかい鱗茎が長く伸びていく。

フレンチでは、エシャロットをみじん切りにして肉料理の臭み消しに使ったりする。色と香りを活かして、パンチのあるソースやドレッシングにしてもいいね。ラッキョウだから、そのままピクルスに漬けてもいい。肉との相性がいいから、豚バラ肉やベーコンを巻いて焼いてもいけるな。

＊トンネルがけ……畝をまたぐように半円形の支柱を数本立て、トンネル状になるように上からビニールシートをかぶせて保温すること。

食材に興味があれば、3歳の子でも野菜を見分ける――ナス、トウガラシ類

真夏の間は夜も世話を焼いていたナスも、9月に入って気温が落ち着いてくると、また元気を取り戻してくれる。真夏に水分管理がちゃんとできていれば、また実をつけるから秋ナスとして楽しめる。ただ、あまりに暑いと秋までに木が疲れてしまい、実がならない年もあるね。レストランも、秋になるとメニューをがらっと変えるから、それほどたくさ

んの需要があるわけではない。

ナスはかなりの数の品種があるから、毎年のように新しいものを試している。昨シーズンに初めて作ったのは「イタリアン長ナス」だ。皮がしっかりしているから、オーブン料理に向いているようだ。最近は、乾燥させずに低温で長い時間加熱させるスチームオーブンが普及しているね。爺さんもドイツ製のオーブンを買った。縦半分に切って、そこにオイルを塗って焼くだけで美味い。モッツァレラチーズを載せてもいい。

自家用として、水ナスも作っている。水ナスは大阪・泉州地方が起源と言われていて、現地ではぬか漬けにして食べることが多い。あと、くし形に切って、生ハムやオリーブオイルとあわせてもいい。和食の店や寿司屋なんかでは浅漬けがよく出るから、水ナスは和のイメージがあるけど、オイルをかけると洋風のアレンジができる。爺さんは、甘酸っぱい自家製ベゴニアジャムをトッピングしたりする。

どんな野菜でも、アレンジは何通りもある。中には王道もあれば、意外な組み合わせや味付けがピタッと

秋口に収穫したナス数品種

水ナスに生ハムを巻き、
ベゴニアジャムをかけた洋風アレンジ

はまることもある。その試行錯誤こそが、食べ物をおいしく食べる秘訣でもある。料理評論家の山本益博さんも言っていたけど、「おいしいものを食べる」よりも「おいしく食べる」ことを考えるほうが、はるかに大事だと思うね。この食材はこうやったらおいしいんじゃないか、こんなふうに調理したらどうだろう、とあれこれ自分で考えてみることだ。

　白ナスは、最近はレストランでもだんだん見かけるようになってきたね。加熱すると、やわらかくてトロトロで美味いんだ。

　ちょうどこれがたくさんなっている時期に、知り合いの女性が子どもを2人連れてきたことがあった。上の女の子はたしかまだ3歳ぐらいだったんだけど、白ナスを見せて「これ、なんだかわかる？」と聞いたら、ちゃんと「ナス」と答えたよ。「どうしてわかったの？」と聞くと、「ヘタの部分が黒いナスと同じだから」と。これには爺さん、感心したね。

　興味を持っている子が見れば、そこに気が付くんだ。普通のナスは黒だし、その子は白いのを初めて見たけど、ナスだとわかった。こういうことが、畑で覚えるひとつの知恵なんだ。だから爺さんは、小さい子どもを持つ女性には「遠慮しないで子どもを連れてきな。収穫かごを持ってくるんだよ」と声をかけるよ。

トウガラシ類も、10月いっぱいまでは採れる。去年新しく導入した「ペペロンチーノ」も、秋の初めには赤く完熟したものが採れるようになるね。直径3〜4センチのサイズで収穫し、中身をくりぬいたら、ひき肉やチーズを詰めてオーブンで焼く。ひき肉の代わりに、ベーコンを刻んだものでもいいだろう。丸ごと一口で食べられて、ワインのあてにはぴったりだ。肉厚で味が濃くて、香りもいい。小さいけれど食べ応えがあるね。おいしく食べる方法はいくらでもある。

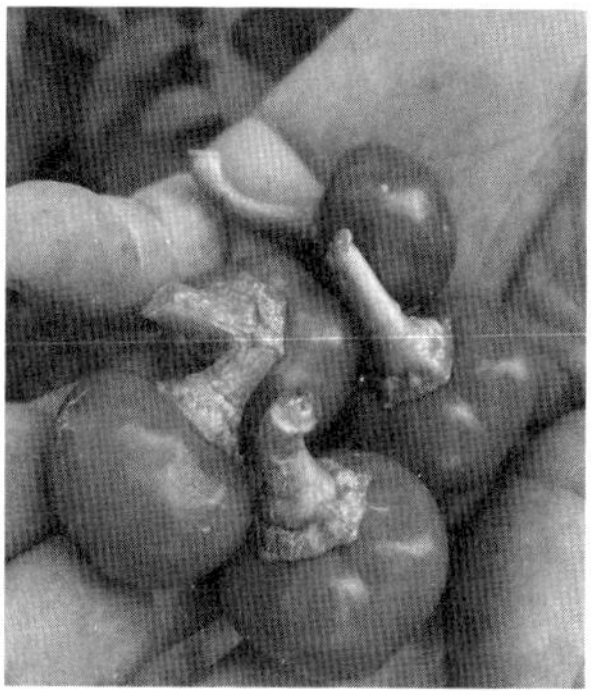

トウガラシの一種、ペペロンチーノ

おいしく食べる、ということは、まず食材に興味を持つということだ。日本の消費者は、「どうぞ食べてください」と用意されて初めて食べる人が多い気がするね。自分からいろんな野菜を買って試してみたり、これはと思ったものは育てて食べたりしたらよりおいしく感じると思うけど、その喜びを、みんな知らない。

人の作ったものばかり食べている家に育つと、子どももそうなる。親がやっていないから、見せていないから、当然なんだけどね。反対に、料理好きな家の子は、親を真似て小さいときから包丁を持つ。刃物なんて持ったら危ない、と言われる年頃から平気でやるよ。やりたくてしょうがないんだ。どうやったら危ないかなんてことはもうわかっているから、手を切ったりしない。だから大人は、いろんなことをやって見せたほうがいいんだ。

工夫ができるようになるためには、調理実習や食育も、もっと子どもたちの自由にさせたほうがいい。大人たちが決めた料理を作るとか、先生が項目を決めてそれを教えるとかじゃなくてね。子どもが何をやりたいかが重要なんだ。やりたいことを自分でやろうとしたときに初めて、そこに工夫が生まれるものだ。

以前あるシェフから、子どもの料理教室をやるから食材を分けてほしいと頼まれたことがある。そのときに、「楽しく料理するのがいちばんだから、作り方を教えちゃだめだぞ」とシェフには伝えた。「サラダを作る」とか「野菜を焼く」とか、子どもたちにはテーマだけ与えて、あとは好きなようにやらせるのがいちばんだと。「え!?」とシェフは固まっていたよ。料理教室といえば、作り方を教えるのが世間では当たり前だと思われているだろうからね。

そのときはきょとんとしていたけど、彼は結局、爺さんが言ったとおりにやったみたいだ。教室が終わったあと、子どもたちからお礼の手紙がきたらしい。「見たことない野菜でおもしろかった」とか、「ちょっと苦かった。大人の味がした」なんて書いてある。大人の味、っていうのは、もう大人になるとわからなくなる。初めてその野菜を見る子どもだからこそ、決まりきったものではない組み合わせや調理方法を考えつくこともある。そういうところに、われわれ大人の学びがあるんじゃないかな。

農業の中にも〝隙間産業〟はある。頭を使って探せ！——オクラの花と葉、イチジクの葉

赤オクラは夏の初めからぐんぐん伸びて、9月に入る頃にはもう爺さんの背丈ぐらいまでいっている。でも、爺さんはオクラの実は出荷しない。九州とか沖縄に産地があるから、そっちに任せておけばいいさ。じゃあ、なんで育てているかって？　実じゃなくて、蕾《つぼみ》を出荷するためだ。蕾を採っちゃったら実ができないんだから、普通のオクラ農家は出荷しない。つまりそれは、競争相手がいないってことだ。

艶のあるワインレッドのガクに包まれた蕾は、そのままでも十分きれいだ。さらに、こ

のガクを剝いでいくと……「アタシ、脱いでもすごいのよ」って声が聞こえてきそうなくらい、なまめかしい姿になる（笑）。やわらかい黄色い花びらが巻いていて、まるで貝みたいだから「シェルフラワー」と名付けた。

その名前を聞いただけで、「なんだろう？」って興味を持ってくれるお客さんもいるだろう。食べたらオクラの味がするし、ネバネバもちゃんと残っている。だけど普通には出回っていないから、オクラの花だと一発でわかる人は少ないだろうね。そこで、シェフやサービス担当がちゃんと説明できるかどうか。それを含めて料理だと爺さんは思う。

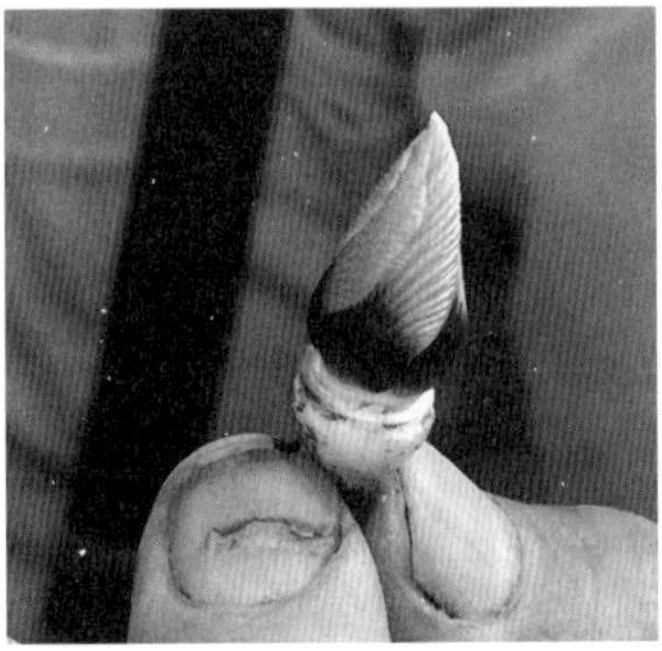
オクラの花

料理の「理」は理屈の理。テーブルまで皿を運ぶだけじゃなくて、そういうことをお客さんに伝えるのも料理のうちだと思うね。お客さんは納得してお金を払い、店側も、「ああ、そうなのか」とお客さんが理解して喜んだ顔を見たいだろう。

オクラは、若くてやわらかいうちは葉っぱも出荷できる。赤みを帯びていて、モミジみたいなきれいな形をしているし、食べればもちろんオクラの味がする。生のまま、サラダでいけるよ。でも、これを商品にしている農家はほとんどいないだろうな。姿としては見えているけど、商品としては見えていないんだよ。

ついでに言うとイチジクも、実ではなく葉っぱをメインに出荷している。葉はそのまま食べるのではなくて、ラム肉や白身魚を包んで焼くときに使うんだ。ただこれ、香りが強烈でね、洗ってもなかなか消えないから、専用のフライパンが必要だ。安いのでいいから。何年も前から爺さんは売っていたけど、この頃やっと、使ってくれるシェフが増えてきた。8月から始まって、だいたい9月いっぱいまで収穫できる。

オクラの葉

農家には、こういう隙間産業みたいなチャンスがいっぱいあると思う。同じ野菜なんだけど、全然違うものを出す。固定観念を打破して、人がやっていないことをやればいいんだ。けれど農家の親父っていうのは、えてして仕事が終わるとすぐ晩酌して、そのあと布団に直行だ。飲むな、とは言わないよ。でも、酒飲みながらでも考えられることはあるんじゃないかと言いたい。口と脳は別だからね。

秋の名物「おおまさり」。粒を厳選して出荷する

秋のうちの名物といえば、やっぱり「おおまさり」だね。そう、千葉県が14年かけて育種した大粒の落花生だ。食味が良くて収量が多い「ナカテユタカ」と、超大粒の「ジェンキンスジャンボ」を掛け合わせた品種で、２００７年に品種登録されるとすぐ、甘くておいしいと評判になった。いまや全国に生産者がいる。爺さんはひねくれものだから、作る人が増えればやめてしまうんだけど、これは例外だ。なぜなら、落花生っていうのは、同じ品種でも生産者によって味がまったく変わる作物だから。おかげさまで、うちのは評判が良くてね、やめるにやめられなくなった。

大量に乾燥させて保存し、年間を通して販売する農家もいるけれど、爺さんは、茹で豆用の生落花生を主体にしているから、売り切れたら終わり。乾燥ピーナッツは、保存状態が完璧でないと味が落ちるから、翌年用の種として使わなかったものを少量出荷する程度だ。

この時期に子どもが畑に来たら、収穫を体験してもらうよ。株元をつかんだら、ゆっく

り真上に引っ張るんだ。斜めに抜くと、実の入った莢《さや》が取れて土の中に残ってしまうからね。いまどきは、落花生の莢は地上になると思っている子どもも多いみたいで、莢が根っこの中にたくさんぶら下がって出てくるのを見てびっくりする。

抜いたら、その場ですぐに莢を採る。株を逆さに持つと、莢がどこにあるかよく見えるんだ。でっかい莢だけを選んで外し、未熟なものは採らない。小さい莢は、実が入っていないこともあるからだ。微妙な大きさのものは、莢のふくらんだ部分をちょっと指で押してみるといい。硬ければ大丈夫だ。「大粒のものがそろっている」と評価してもらっているけど、要はこの選別作業をどれだけ丁寧にやるかにかかっている。それが商品価値だからね。

来シーズン用に種採りするものは、畑の隅にぼっち積みにして、冬の間乾燥させておく。たまにカラスに突っつかれることがあるから要注意だ。

茹で豆として食べるときは、莢についた土をよく落として洗い、圧力鍋で5~10分、普通の鍋だと30分前後塩茹で

子どもと一緒に落花生の収穫

する。うちのは、大粒なものほど、茹でるとやわらかくてクリーミーになる。だから、ピーナッツクリームにしてスイーツに使ったりもできるんだ。

落花生は近年、美容に良くて健康効果も高いと言われるようになった。一般財団法人全国落花生協会のウェブサイトを見ると、食品成分表つきで詳しく説明されていて、なるほどと思う。悪玉コレステロールを抑制したり、血管の健康を保つ不飽和脂肪酸や、加齢による老化から細胞を保護すると言われるポリフェノール、肌表面に潤いを与えてくれるビタミンEがたくさん含まれているらしい。

選別済み落花生

「美容」とか「お肌」、それに「健康」というキーワードが入っているとみんな興味を持つ時代だ。女性はいくつになってもスキンケアに余念がないし、最近は男性でも肌の手入れをするのが当たり前になった。農家は、こういう情報を意識して栽培する作物を決めたらいい。料理人も、そういう食材をいかにおいしく食べさせるか、よく研究することが今後ますます必要になるだろうな。

子どもの「食」は、このままでいいのか？

莢を採り終えた残滓《ざんし》は畑の隅に山積みにしておき、そこにヤギのメイを連れてくる。たまに取り損ねた大きい莢が残っていたりして、ポリポリ音を立てて夢中で食べているよ。美味いのがわかっているんだな（笑）。

メイは、近所の農家で何頭か生まれたヤギのうちの1頭で、獣医の紹介で引き取って育てている。収穫後の残滓とか、出荷しなかった野菜とか、そのへんの草とかを勝手に食べるから、エサを買う必要もない。落花生と、これからだんだん大きくなっていくニンジンが、メイの秋のごちそうだ。

落花生の残滓を食べるヤギのメイ

夏の盆前に種を蒔いたニンジンは、10月下旬ぐらいには小さいサイズを収穫できるようになる。以前ポニーを飼っていたときにも、出荷しなかったニンジンをよくあげていた。これも獣医の紹介で譲り受けたんだけど、皮膚病があってね。塗り薬をすごく嫌がったから、あまりつけてやれなかった。けれど、毎日ニンジンを食べさせていたら自然と治って、毛艶も良くなった。動物も人間と同じで、何を食べるかが大事なんだ。

特に、身体ができていく途上にある子どもの食は大切だと思う。ところが、学校給食はどうだろう。食べ残しが多いことが、長らく課題になっている。全国の小・中学生に給食についてアンケートを取ったら「嫌いなものが多いから」という理由が断トツに多く、子どもたちが嫌いなメニューとして「サラダ」や「野菜料理」が上位にランクされているというデータもある。おいしくない食材を使って、おいしくない調理のしかたをしているんじゃないか、と爺さんは思ってしまうね。だって、すごくおいしいんだったら、そんなに残さないだろう、普通は。

給食というのは予算が決まっているし、文科省が定めた1食あたりの摂取基準もあるらしいから、献立を決める管理栄養士は、どうしてもそれを重要視する。でも生徒は体質も体格も一人ひとり違うだろう？　それにカロリーとか栄養バランスだけ考えて、食材のクオリティーだとか味を軽視するなら、まずくて食べられない。栄養バランスもへったくれもないだろう。嫌いな食べ物が増えるだけだと思うね。

「食育」で食べ物の栄養素だとか食の大切さを学ばせることが大事だって意見もあるけれど、知識として教えたからって、子どもの好き嫌いや食べ残しが本当に減るんだろうか。そこは疑問だね。

それから、男の子と女の子は違うメニューにするべきだと爺さんは思っている。男女平等とかジェンダーとか、そんなの関係ない。だって、身体が違うんだから。身体機能が違えば、それに必要な食べ物だって違うんじゃないか？　そういうことを研究している人も、どこかに当然いると思うけどね。たとえば、小学校高学年から中学生にかけての女の子は、女性としての身体の基礎を作る時期だ。そこで考えなければならないのは、栄養というよりも、女性の身体に必要なホルモンの働きを助けるミネラル分をどれだけ摂るかだと思うけどね。

国はいま、少子化対策に莫大な予算を計上しているようだけど、その根本の部分に目を向けているとは思えない。子どもの親たちも、爺さんが給食の話をしてもあまり関心を示さないんだ。女の子が将来健康で、赤ちゃんを産める身体を作れるようにするにはどうしたらいいかっていう話を、なぜしないんだろうか。

鉢植えの花を眺めているだけじゃもったいない——ベゴニア

秋の花のハウスでは、まだペンタスが頑張っている。あと、アメリカ大陸原産のランタナ。ペンタスと同じように小花が集まって咲く手まりタイプの花だ。どちらも料理だけでなく、シャンパングラスに入れるのにもちょうどいい。

ランタナは「七変化」という和名があるとおり、同じ茎から違う色の花が咲いたり、色が変化したりして面白い。香料にも使われることがあるほど香りがいいけど、決して料理の邪魔にはならない。まあ、使う人のセンス次第だな。

秋の花の代表格である菊やシュウカイドウ（秋海棠）も毎年育てている。菊は食用花の元祖みたいな存在だが、品種開発が進んでいるし、外国産も入ってきていろんな色が楽しめるようになった。シュウカイドウは、松尾芭蕉が「秋海棠 西瓜の色に咲きにけり」と俳句に詠んだように、日本で昔から親しまれていて、花はスイカを思わせる薄紅色をしている。暑さにも寒さにも強いから重宝している。

シュウカイドウの仲間のベゴニアも、この時期よく出荷している。そう、植木鉢でよく売られている、あの赤い花だ。騙されたと思って食べてみるといい。花にも葉にも、シュウ酸が含まれているから酸味がある。ハート型をした蕾を葉の上に載せて、そこにキャビアをちょこっと載せるだけで絵になる。フォアグラとも相性がいいね。

レモンやビネガーを酸味づけに使うと、どうしても口の中に酸味が残ってしまうから、水を飲んで口直ししたりする。けれど、ベゴニアは口に入れるとすっと酸味が消えるんだ。すると次の料理を食べるときに邪魔にならない。フレンチではオゼイユ（スイバの仲間）を使うこともあるけど、あれよりもベゴニアのほうが味がすっきりしている。爺さんは、花がたくさん採れたときにジャムを作っているよ。肉につけるソースとかデザートとか、

黄色のランタナ

ベゴニア

いろんな用途に使っている。

フレンチやイタリアンの高級店では、料理のポーションを小さくする代わり、コースの品数を増やしているところも最近多いね。だからいろんな花を使うことも理にかなっているんだ。料理の究極の食べ方は「シンプル」だと爺さんは思っている。手が込んでいればお客さんが必ず喜ぶわけでもない。品数が多い店は、あまり手間をかけずに、シンプルで最高に美味い一皿をコースの中に組み込む工夫も必要だね。

「noma」のシェフに触発され、アリを食べてみた

酸味というと、思い出すのはレネ・レゼピ氏のことだ。言わずと知れた、デンマークのレストラン「ノーマ（noma）」のエグゼクティブシェフだ。2015年1月、彼は東京・日本橋のホテルに期間限定で「ノーマ東京」を開いた。コペンハーゲンの本店を閉めて、スタッフ全員で来日したんだ。

その少し前に、「レフェルヴェソンス」の生江シェフの案内で、レゼピシェフがうちの畑に来た。彼も、食材を探すために日本中を回っていた。日本人も知らないような、かな

り深いところまで掘り下げて探求していたと聞く。爺さんには、「食べられる苔はどこかにないか」と聞いてきた。「気候的に考えて、このあたりの苔はおいしくないだろう」と答え、奥入瀬や白神山地あたりに行ってはどうかとアドバイスした。渓谷では、鮎が藻を食べているからね。そのあたりのもののほうが味はいいだろう、と。

帰りがけ、レゼピシェフは、「アリを探しに長野まで行く」と言った。料理の酸味に使いたいのだと。緯度の高いデンマークでは柑橘が育たないから他の素材を探していたら、アリにたどり着いたのだそうだ。それは面白いなと思い、爺さんもシェフが帰ってから自分の畑の中を歩き回り、黒アリを捕まえた。腹の中をきれいにするために、山砂と一緒にケースに入れ、しばらく置いておいた。

1週間経った。さあ、どうやって食べるか。炒って食べるにしても、加熱しすぎるとカチカチになってしまうだろう。だから、フライパンを一度温めてから火を止めて、そこにアリを投入した。

つまんで食べてみたけど、全然嫌な感じじゃなかった。シェフが言うとおり、本当に甘酸っぱい味がするんだ。調べたら、アリはなんらかのショックを与えると「蟻酸《ぎさん》」と呼ばれる酸をたくさん分泌するそうだ。なるほどと思い、これをどう料理に使うのか、とても興味が湧いたね。

「ノーマ東京」では当初、3週間の予定で2000席を用意したが、世界中から予約希望者が殺到したらしい。ウェイティングリストには6万人以上が名を連ねたと言われている。レゼピシェフは生産者のために10席ほど確保していたそうで、爺さんもそこへ呼ばれた。14皿から成るコースの中には、一般の日本人が知らないような素材がいくつも使われていた。最終的にどこのものを使ったのかは知らないが、シェフは本当に食べられる苔を見つけ出して使っていた。

苔とともに大きな話題になったのは、「長野の森香るボタンエビ」という一皿だ。ボタンエビの上に、点々とアリが載っていた。

「ぼくはおいしい料理を作ろうとは思っていない」

レゼピシェフが畑に来たときに発した言葉の意味がこのときわかった。「おいしい」という当たり前の結果よりも、食べたときにどう感じてもらえるかがシェフにとって重要なのだろうと。おいしい・まずいで語るレベルの、はるか上をいっているわけだ。

シェフがテーブルにやってきて、「どうでしたか?」と聞いてきたから、「すべての料理が、初めて食べるものばかりでした」と爺さんは答えた。初めてのものを食べる瞬間は、おいしいのかまずいのかはわからない。「おいしい」というのは、時間が経ってから感じるものだ。ノーマのようなガストロノミーレストランに求められるのは、新しい出会いのようなものだ。食べた瞬間の驚きや新鮮さ、いままで経験のなかった味わいや食感、思いもつかなかった食材の組み合わせ。そんな出会いを目と口と鼻で楽しみつつ、頭の中で、「なんでエビとアリを組み合わせたんだろう？　そうか、酸味なんだな。なるほど」とわかったりする。ふだんから食材に興味がない人は、そういうことができないだろうね。だから何を食べても「おいしかったです」としか言えないんだ。

最近は、ＳＮＳをはじめあらゆる場所で自分の考えを発信するシェフが多いね。確かに、シェフがどういう人か、どういう考えで料理を作っているのかがわからなければ、食べる楽しみは半減する。食べる側も学習しなきゃいけないと思う。

秋のイタリアンに欠かせない2種のハーブ——ネピテッラ、ミルト

秋のハーブは、ローズマリー、ミント、イタリアンパセリといった定番のほか、ネピテッラがよく出る。ミントの仲間で、トスカーナ地方の山の中に自生している。日本で作る

人がいないからと、あるシェフが種を持ってきてくれたのを育てている。時期が来たら、若い農家に株分けしようと思っている。

トスカーナのマルシェでは、フンギ・ポルチーニが出回る季節に、ネピテッラが束になってマルシェで売られている。これ、キノコとの相性は抜群だね。ポルチーニ以外でも、爺さんはキノコソテーを作るときによく使っている。シメジやエリンギを炒めるとき、火入れしてから最後にネピテッラの葉をしごいてフライパンに投入し、少しあおったら、ふたをしてしばらく置く。香りがいっぱいに広がって、キノコの風味が一段と増すんだ。キノコパスタに使ってもいい。

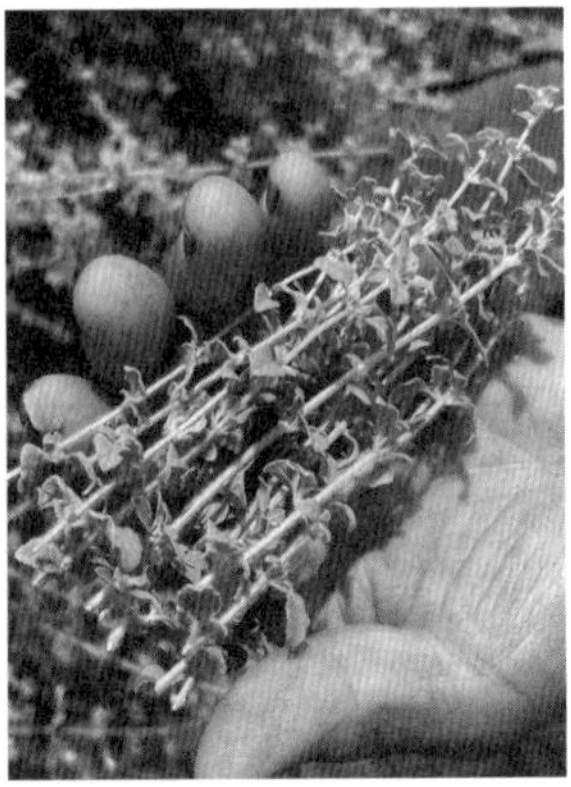

ネピテッラ

それから、この時期はやっぱりミルトだね。地中海沿岸の、サルデーニャ島やコルシカ島に自生する低木で、特にサルデーニャでは、郷土料理の「仔豚の丸焼き」に欠かせないハーブだ。枝ごと豚の体内に差し込んで焼いたり、みじん切りした葉を腹に詰めたりしてから串に刺し、炉端で薪を焚いてじっくりと焼く。サルデーニャ料理のシェフの焼き方を見たことがある。全体にオリーブオイルを塗って、肉をピシピシと叩きながら回転させて焼いていたな。

ミルトは11月になると実をつけるから、ミルト酒の材料になる。ジンやスピリッツに漬けたあと、砂糖や蜂蜜で甘みを加えたものだ。昨年は豊作で、すごくいい実が採れた。サルデーニャでは、ミルト酒はグラッパやリモンチェッロに並んで食後酒の定番になっている。消化を助ける効果があると言われているんだ。

ミルトの実ができると、横浜のピザレストランのシェフが、スタッフを全員連れて収穫にやってくる。それを使ってできたミルト酒を、毎年送ってくれるよ。

ミルトの葉

ミルトは、「銀梅花《ぎんばいか》」や「マートル」といった呼び名もあるから、知っている人もいるだろう。日本名のとおり、梅みたいな白い花を咲かせる。ハーブティーに使う人もいるが、庭木としてただ観賞するだけの人もいる。

ハーブっていうのは、怠け者が育てるのがいいんだ。もともと痩せた土地に生えているものが多いから、野菜を育てるような畑に植えて手をかけたりすると、かえって育たなかったりする。苗を植えたらほったらかし。それが基本だね。だめならしょうがない。ところが、多くの人はそれをなんとかしようとして、必要もない肥料をあげたりしてしまうんだな。

ジャンルを問わず使える、完熟バターナッツカボチャ

バターナッツカボチャは、夏の初めにベビーの「ポティロン」を出荷したあと、通常のサイズまで育てる。だいたい9月いっぱいまで、熟したものから収穫し、保存して熟成させながら冬まで出荷している。

熟しているかどうかは、果柄の根元を見ればわかる。茶色に変色して枯れていれば完熟。まだ青みが残っていたら、もうしばらく置いて様子を見る。つるが完全に枯れたあとも熟していないものは出荷しない。見かけは普通でも、おいしくないかもしれないと思うものは送ったらだめだ。

フレンチの店では、バターナッツをクリームとあわせることが多いようだ。イタリアンはチーズやオリーブオイル。爺さんが畑に来たシェフに出すときは、バターナッツの味や

風味を知ってもらうのが目的だから、ピューレにすることが多い。味つけは岩塩をひとつまみだけ。ほとんど繊維がないから裏ごしする必要はなく、皮をむいて茹でたら、茹で汁ごとハンドブレンダーにかければなめらかになる。

バターナッツは和食でも使えると思うけど、あまり使っている例を聞いたことがないな。「うちは和食だから」とこだわってしまう人だと、たしかにバターナッツなんて名前のカボチャは論外なのかもしれない。でもいまの時代、それでは料理の幅が狭くなるし、奥行きも出ない気がするね。特に、ある程度長く店をやっていて安定しているところは、あえて新しい食材や技法を取り入れなくてもビジネスになっているから冒険したがらない。

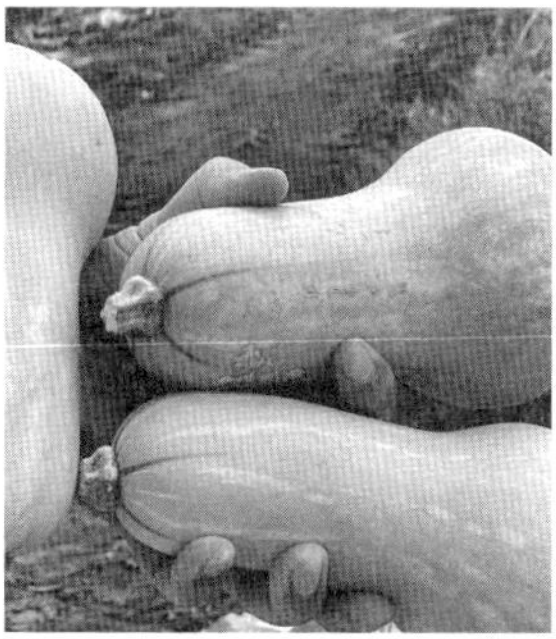

バターナッツカボチャ

バターナッツのピューレ作り

逆に言えば、まだそんな実績のない若い料理人の前にはいま、未開の新地がいっぱいに広がっている、と思ったらいい。そこをどんどん開いていって、自分だけの何かを作っていくことで初めて、自分の名前のついたスペシャリテができるわけだ。そこに強いオリジナリティーがあれば、メディアの取材対象になるだろう。

料理人は若いうちから、そういう志を持ってやることが大切だと爺さんは思う。言われたとおりに食材を準備するだけ、料理長が決めたレシピ通りに作るだけ、どこかで誰かが作った料理を再現するだけなら、自分の料理なんて一生できないと思うよ。

たとえば、うちの畑にも来たことがあるピエール・ガニェールシェフは、同じ料理は二度と作れないと言われている。マニュアルもレシピもないんだ。昔、「ピエール・ガニェール東京」で修業していた若い見習いがうちに来て、「指示がないから、下ごしらえをどうすればいいかわからない」とぼやいていたことがあった。それを聞いて爺さんは、「いいところに入ったじゃないか」と言った。そんな店で修業できたら、もう怖いものはないだろう？

けれど彼は、「でも自分は見習いですから」なんて言うんだ。だからこう伝えた。「なんで指示されなきゃやらないんだよ。見習いかどうかなんて関係ない。料理に関わる者は、みんな料理人だ。自分はこの店のシェフの一人だと思ってやらなきゃだめだぞ」と。

自分で考え、探求し続けてきた料理人は、間違いなく成長していく。それとは逆に、なんにもしないうちからすぐ人に聞いて答えを求めようとする料理人もいる。つい先日も、ある店の若いスタッフを畑に案内したら、一口も食べないうちから「この野菜はどうやって食べるんですか」と何度も聞かれた。どうしてだろうね。食べ物なんだから、まず自分が食べてみないとわからないだろうに。爺さんは店のスタッフなんだから、畑のものは勝手につまんでいいんだ。「わからないことは聞いてくれ」とは言ってるけど、自分で何がわからないのかもわからないうちに聞くのはナンセンスだね。

ガニェールシェフは厨房に来てからその日入った食材を見て、何を作るかをその場でぱっと決める。だから下準備をしようったってできないさ。でも、それが当たり前じゃないか？　同じ食材でも、その日によって味は違うんだから、「この料理には塩をこれくらい」と決めてしまっていたら、塩が必要ないときでも使ってしまうことになる。そんなので、おいしい料理ができるだろうか。

見習いとして入ったなら、覚悟してやるしかないだろう。手取り足取り教えてくれる人なんて誰もいないぞ。でも、その状況を乗り切り、自分のものにしてこそ次がある。自分の店を持てるようになる。これ、料理人に限らずどんな仕事でも同じなんじゃないか？

植物はミネラルで育つ。だから余計なことはしない

話をバターナッツカボチャに戻そう。爺さんは実の中に繊維ができないように、特別なにかをしているわけじゃない。ほとんど手間をかけていないからね。強いて言うなら、肥料を入れないことだな。もともと野生に近いものだから、栄養がなくても育つんだ。逆に言えば、野菜を「栄養」で育ててしまうと余分な繊維ができてしまう。とにかく、余計なことをしないことだね。

ピューレやポタージュを作るとき、「灰汁《あく》を取らなきゃいけない」とか言って茹でこぼす人もいる。でもそういう人は、ふだんから灰汁が出るような野菜を使っているんだろう。本来、自然に近い状態で育ったものは、不純物を吸収していないから灰汁はほとんど出ないはずだ。

野菜にとっての不純物の代表といえば、硝酸態窒素だ。自然界に存在するものだし、野菜が育つのに必要なものではあるけれど、必要以上に取り込んでしまうと不純物になる。

化学肥料であろうが有機肥料であろうが、それは同じなんだ。日本では「有機栽培＝安全安心」という漠然としたイメージが広がっているように感じるけど、それはどうなんだろうか。どんな肥料を入れたとしても、その使い方が間違っていたら安全だなんて爺さんは言えない。おいしいかどうかだってわからないと思うけどね。

うちの畑を土壌診断すると「栄養失調」という結果が出る。普通の農家は大慌てするかもしれないけど、爺さんとしては望むところだ。土壌に必要なのは栄養ではなく、ミネラルなんだから。それは、爺さんが17歳で就農し、化学肥料や農薬を使った慣行栽培とは違うやり方を試みてきたなかで得た知見だ。

前にも言ったけど、人類が「採集」から「栽培」に移行し、単作になってからたくさんの農薬が必要になった。その一方で、土壌はどんどん痩せていくから大量の化学肥料が使われるようになり、やがてそれなしでは成り立たないほどになった。いわゆる「緑の革命」の弊害のひとつだ。

八街でも、爺さんが就農した1960年代初頭から少しずつ化学肥料が導入されるようになった。最初のうちは良かったんだ。収量は増えるし、ある程度の量を使っても特に目立った害も出ていなかった。ところが、70年代に入る頃から少しずつ異変が見られるようになった。肥料を入れてもこれまでみたいに育たない。病害虫も増えていく。病気なのか？　生理障害なのか？　栄養分が足りないのか？　でも肥料はちゃんと入れている。何かがおかしい。

農家は化学の専門家ではないから、何が起きているのか、爺さんも最初はわからなかった。土壌改良に良いと思われる資材を片っ端から試した時期もある。もがきながら毎日畑と向き合うなかで、自分なりの仮説を立てた。肥料や栄養分の問題ではなく、微量要素が足りないせいじゃないかと。つまり、土壌のミネラルが不足してきたということだ。

ミネラルを補充するため、ありとあらゆる資材を試すようになって、自分の仮説は間違っていないだろうと感じるようになった。いまはミネラルのベースとして海洋深層水を使っている。70種類とも90種類とも言われるミネラルがバランスよく含まれているし、そのバランス自体が人体のそれとよく似ているんだ。「母なる海」と言うけれど、海水は母体の羊水に近いということだと思う。海の深層部では光合成がほとんど行われないから、細菌類も少ないそうだ。

人類を含め、すべての生命が海から誕生したことを考えれば、海洋深層水を使うことは理にかなっているのではないかと爺さんは思う。でも、この考えが正しいかどうかを第三者に決めてもらおうとは思わないし、その必要もない。自分がそれでいいと思ってやっているだけだから、人の評価は関係ない。ただ、うちの畑に初めて来て、「何、この味！」と喜んでくれる人がいるということは、それじゃないかと思っているだけだ。

ヨーロッパ野菜の栽培を始めた理由

ミネラルの中でも、カルシウムは特に重要だ。これが野菜の味を決めると言ってもいい。特に、ヨーロッパ原産の野菜を作るときには必須だと考えている。

爺さんは1961年に農業高校を中退して就農した。最初の数年は、新聞や本を読み漁っていた。いちばんの理由は、暇だったから。そしてもうひとつ、親の仕事を引き継ぐ形で始めた農業に対し、迷いがあったからだ。

麦と落花生、サトイモを中心に栽培していたが、まとまった収入は年に2回だけで、小遣いを得る余裕もなかった。当時は地元のブローカーに野菜を卸していて、自分が作る野菜の値段を自分で決めることはできなかった。市場では需給関係で相場が決まる以上、仕方のないことかもしれないけど、納得していたわけじゃない。

その後、親戚が地元で生産組合を作り、新しい作物としてサツマイモを栽培して東京・神田の青果市場に出荷するようになった。けれど、やはり高くは売れなかった。その理由を当時取引していた島本さんという仲卸に尋ねると、こんな答えが返ってきた。

「それは、ものが悪いからだよ。浅野くん、神田ではいいものしか売れないんだ。いいものを出せば、値段の上限はない。新聞に載っている市況の数字なんて、当てにしちゃだめだぞ」

つまり、品質が良くて需要があれば、「もっと上がある」ということだ。

どうしたらいいものができるかを考えていたのと時を同じくして、組合では埼玉県からサツマイモの達人と呼ばれる山田さんという農家を呼んで指導を受けることになった。その人が最初に言った言葉を、爺さんはいまでも覚えている。

「サツマイモを作るんじゃない。いいサツマイモができる畑を作るんだ」

爺さんは、山田さんの教えを忠実に守って栽培した。5、6年経って最初に市場に出荷したときの値段は、10キロで1500円。セリ人には「上野動物園の猿も食わないよ」と言われた。悔しさを抱えながら、ひたすら「いいもの」を作るために汗を流した。さらに5年ほど経ったとき、初めて達人と同じ価格がついた。3000円。最初に出荷したときの倍の値段だ。山田さんからは「浅野くん、やっとスタートラインに立てたな」と言葉をかけられた。

「いいものを作る」とはどういうことかを理解したのは、このときだ。

「単価×重量」ではなく、「価値×重量」をめざした

ヨーロッパ原産の野菜を初めて作ったのは、就農して2年あまりが経った頃だ。築地市場の仲卸が、アーティチョークという野菜の取り扱いを始めたという記事が新聞に出ていた。和名は朝鮮アザミ。原産地は地中海沿岸で、蕾の部分を食べるのだという。いまはイタリアンレストランで普通に出てくるけど、当時は「なんだそれ?」という代物だった。けれど、そんなものが市場で1個600円という高単価で売れると書いてある。それだけ、作る人が少ないということだ。そう考えると、なにがなんでも作ってみたくなるのが爺さんの性分だ。種の入手先を探したら、八丈島の観葉植物の会社が見つかった。

すぐに申し込んで仕入れ、育ててみると、でっかいアザミの親分みたいなのができた。でもトゲだらけで、どの部分をどうやって食べるのかもよくわからない。うちの畑の土に

も、いまひとつしっくり合っていないという感覚もあった。だから、このときはこれで終わった。

次に挑戦したのは、短根の西洋ニンジンだ。１９６０年代当時の日本では、長根の伝統種が主流だった。根が長いから、掘るのがたいへんなんだ。どうしたものかと思っていたところに西洋ニンジンの紹介記事を見かけて、作り始めた。周りの農家は誰も作らない。だってそんなちんちくりんなニンジン、当時は市場で評価されていなかったから売れるわけない。それでも爺さんは作り続けた。時間はかかるけど、いずれ必ず短根が注目を浴びるときが来るだろうという確信があったからだ。

その予想は的中し、徐々に短根が東京の市場に出るようになった。すると、千葉の船橋とか、埼玉の入間とか、東京近郊に栽培農家が増えていく。そして今度はそのことが記事になった。

ニンジンをきっかけに、西洋カボチャなんかも作り始めて、千葉の市場に毎晩軽トラで持っていくようになった。市場の出荷規格に合わないものは、持っていっても売れないから家に置いていくと、母親が庭先で売っていた卵と一緒に売れたりして、現金収入が少しずつ増えていった。

これからは、価値の転換を図らなければならない。そう考えるようになったのはバブル経済の崩壊とほぼ同時期だった。どんなにいいものを作っても、これまでの値段では到底売れない。経済の崩壊とともに、価値基準までが変わってしまったんだ。

以降、市場に出回る農産物は「単価×重量」という価値観一辺倒になった気がする。けれど一般社会を見渡せば、モノの価値はそれだけじゃないことは言うまでもない。時間や手間をかけて作り出した価値や独自のアイデアが価格に反映されるのは、むしろ当たり前のこと。能力がある人は、みんなここで勝負する。自分も「価値×重量」という売り方をめざそうと思ったんだ。費やした時間、かけた手間が、農産物の価格になる。そういうふうに考えていこうと。

だから、50歳を前に、スーパーと契約して作っていた大根の出荷もやめた。これからどんどん年を取っていくのに、あんな重い野菜で勝負し続けるのはしんどいからね。

当時から、新しい野菜や、市場で注目されている素材については新聞の経済欄にちょっと囲み記事で出たりしていた。爺さんはそういう記事を読むのが好きでね。1990年代に入る頃から外国の種も買えるようになっていたから、記事を見てルッコラの栽培を始めることもできたんだ。

コラム④

浅野悦男を支えたプロの仕事人たち

いいものを作れば、もっと上がある。そう教えてくれた仲卸の島本氏は、浅野が出荷するサツマイモが3000円の値をつけて以降、いつも3500円で買い取ってくれた。達人と言われた山田氏の500円増しの値段だ。だが島本氏はいつも、こう釘を刺すことを忘れなかった。

「たとえ3000円の価値しかないものでも、おれは浅野くんが1年間何を努力したかを見て、その努力料としてプラス500円をつけるんだ。だから勘違いするなよ」

本当の価値ではない。努力料という応分が入っている。その言葉に、自分がどう仕事に向き合うかはすべて見透かされ、評価されるのだと浅野は覚悟した。

飛び出しナイフを常時携帯していた島本氏は、マグロの仲卸がするように、イモの端を切っては品質をチェックしていた。けれどそれが、思わぬ騒動を引き起こす。浅野のサツマイモはすべて島本氏が買うことは周知の事実となり、浅野の荷物にはいつも島本氏の番号札が差してあった。にもかかわらず、ある日、他の業者が荷を持ち去ってしまったのだ。

島本氏は怒ってその業者を突き止め、あろうことか、飛び出しナイフを持って相手を追い回した。その場にいた者がパトカーを呼んだため、島本氏は警察に逮捕され、会社を解雇された。

浅野は、島本氏がナイフを振り回した理由をわかっていたという。少し前に開かれた懇親会で、彼はこんな言葉を浅野に耳打ちしてきたのである。

「おれは特攻隊の生き残りだ。戦友はみんな死んだよ。自分も、いまこうして生きているけど、もう死んだつもりでいる。だから仕事は全部、命がけだ」

農家が出荷した野菜を買って終わり、ではない。農家をやる気にさせ、一人前に育て、いいものを作らせるために徹底したプロ意識を持って働く者が、当時の農業界には何人もいたという。

山田氏もその一人だ。「いいサツマイモができる畑を作れ」と言われたときのことを、浅野はいまでも思い出すことができるという。

「こういうシチュエーションで、こういう作業をやっている最中に、こんなふうに声かけてきて、自分がどう感じたか。それが脳裏に鮮明によみがえるんだよね」

山田氏は、浅野にすべての技術を伝授した。「なぜ、どこの馬の骨ともわからない者にそこまでするのか」と尋ねた父親に、山田氏はこう答えていたという。

「うちには後継者がいないから、ここではもう誰もサツマイモを作らない。ならば、自分の知っている限りの技術を誰かに受け継いでもらわなきゃいけない。だから教えるんだ」

企業秘密とも言えるものを惜しげもなく教えたのは、浅野が生産組合のメンバーの中でいちばん若く、そして誰よりも本気だったからだ。普通のものを、普通に作っていては早晩立ち行かなくなる。そんな危機感を抱いていることが山田氏にも伝わっていたのだろう。

カルシウムを吸っていない野菜は、美味くない

「リストランテ・ヒロ」の山田宏巳シェフとの取引をきっかけに複数のレストランとつながりができると、畑に来たシェフが試作中の野菜をその場で買っていくようなことも増えた。「あの野菜は輸入でしか手に入らないから、浅野さん作ってくれないか」と頼まれることも多くなった。

たとえ誰にも頼まれなかったとしても、自分がこれはと思ったものは、種や苗が手に入ればあれこれと挑戦していた。その最大の難関のひとつが、「タルディーボ」だった。本国イタリアでの正式名は「タルディーボ（Radicchio Rosso di Treviso Tardivo）」。チコリの一種で、高級野菜として知られる。一文字違いの名前を付けた理由は、日本で同じものはできないからだ。同じものじゃないのに同じ名前を付けたら、イタリアに失礼だろう。

なにしろこの野菜、ものすごく手間がかかる。種を蒔いてある程度育ったら株ごと抜いて、根をきれいに洗い、室内で軟白栽培*する。暗い場所に水を張って、そこに根だけを漬けて1カ月近く管理するんだ。そうすると内側から新しい芯が成長してくる。その部分を商品として出荷する。赤紫の葉身に真っ白な葉柄のコントラストが鮮やかで、チコリ特有の苦みと甘みがある。生でサラダやマリネにするほか、グリルにしても美味いね。みずみずしくて、サクサクとした食感は、軟白栽培ならではのものだ。栽培に手間がかかるぶん、イタリアでも一般的なチコリよりもずっと高値で取引されている。

失敗を繰り返しながら、爺さんはなんとか栽培に成功した。自分でも納得できるものに仕上がったとき、それを当時銀座にあった「トレコローネ」という店にサンプルとして持っていった。イタリア人料理長のグイド・オルベン氏は、爺さんのタルディーボを見た瞬間、指でOKサインを出した。そして試食をすると、「今度、イタリア大使館で晩餐会をやるんだ。そのときに用意できるか?」と微笑んだ。その年の暮れ、オルベン氏が主催する晩餐会で、本当に爺さんのタルティーボが使われた。だめじゃないんだ、と思えたね。それからしばらく、他の野菜でも取引があった。

表参道のレストランに持っていったときは、イタリア人シェフがその場で丸ごと焼いてくれた。オリーブオイルと塩をかけて食べさせてくれたよ。「これがイタリアでは一般的な食べ方だ」と。べらぼうに美味かったよ。オーブンに入れただけで、こんなにおいしくなるのかと、初めて知った。

けれど、すべての店がウェルカムだったわけじゃない。別の店に行ったときは、反応がまるで違った。最初に出てきた日本人シェフはすぐに「使ってみたい」と言った。ところが、トップのイタリア人料理長はまるで興味を示さない。理由は、「当店はすべて本国の素材を使っているから」だと。

厨房をのぞくと、イタリアから届いた葉物野菜が調理台に置いてあった。だけどみんな萎《しお》れていて、それを1枚ずつ活性剤に漬けたりして使っていた。それでもその店は、「イタリア料理なんだからイタリアで作った食材でなければならない」と考えていたんだろう。

日本でちゃんとしたイタリア野菜が作れるわけがない、という先入観は当時まだ強かったと思う。フレンチの世界でも、当時フランス人シェフはまだ日本のフレンチというものを認めていなかった。日本人がフランスに修業に行っても、小間使いみたいな仕事からのスタートだったりして、ずいぶん苦労した人もいると聞いている。

その後も何店かに持っていったが、同じような反応の店は少なくなかった。でも、そんなことでがっかりはしない。イタリアで作った野菜と自分の野菜を比較しても仕方ないからだ。シェフは、食材をその土地で食べたときにおいしいかどうかで最終的に判断するだろうから、比べるのではなく、少しでも近づくように作っていけばいいんだと思った。

＊軟白栽培……軟白化栽培とも言う。全体あるいは部分的に遮光して野菜を生育させること。遮光すると組織の分化が進まず、全体にやわらかく仕上がる。

牡蠣の産地・宮城県の農家からヒントを得る

問題は、どうやったら現地の味に近づくかだ。

土壌としては、西洋野菜に決して向いているとは言えない。それでもここで西洋野菜を作るためには、どんな条件を加えてやることがいちばんのキーポイントになるか。ヨーロッパの気候や風土を思い浮かべつつ、出した答えがカルシウムだ。ヨーロッパと日本では、まず植物に与える水の質が違う。ヨーロッパの硬水と日本の軟水の成分を比べたとき、いちばん違うのはカルシウムの含有量なんだから。

ではそれを、どのように補給するか。八街周辺には石灰岩はないし、あったとしても、岩を砕いたものをたくさん入れてしまうと土が硬くなる。いろいろと探していたとき、「浅野さんの畑を見たい」と言って、たまたま宮城県からやってきた若いトマト農家からヒントを得た。

宮城県といえば、牡蠣の産地。そう、カルシウムだ！　爺さんはその農家に、「牡蠣殻を使っているか？」と聞いた。そうしたら、使っていないという。だから爺さんは彼にこうアドバイスをした。

「港に行けば、牡蠣殻が山になっているだろう？　それをもらってきて使ってみたらどうかな。おれがそこの農家だったら、畑中に牡蠣殻をばらまくだろうな」

牡蠣殻は産業廃棄物だから、お金をかけて処分しなければならない。だからそれを有効利用したらいいと思いついたんだ。ハウスの中に深さ1メートルくらいの穴を掘ってそこに牡蠣殻を埋め、その上でトマトを育てるんだ。すると、カルシウムが土中にゆっくりと浸潤していく。貝殻の間に隙間ができるから排水も良くなる。

彼はファーストトマトという品種を作っていた。皮が薄くて、甘味と酸味のバランスがいい。けれど栽培が難しいから、作る人が少ない。研究熱心な農家でね、彼が作るトマトはもともとおいしかったんだけど、牡蠣殻を使うようになって、さらに味が良くなった。その味は地元でも評判になっているようで、作ったトマトは市場に出さずとも、庭先で全部売れてしまう。しかも市場より高値で売れているそうだ。

牡蠣殻はいま、柑橘類を作っている農家なんかもこぞって使い始めている。カルシウムの塊だからね。それと、あのゴツゴツした貝の表面には海のミネラルとかプランクトンなんかがたくさん付いているんだ。

岩を砕いた粉とは違い、牡蠣殻はいくら入れても土が硬くなることがない。時間が経つと土中微生物によって分解や発酵が進んでいくから、土壌の地力も高まる。爺さんは、土に混ぜるだけでなく、砕いた牡蠣殻を詰めた筒に通した水を畑に撒いたりしている。こうすると、植物がよりカルシウムを吸収しやすくなる。

動物も植物も、健康に育つためにはミネラルが必要だ。そして、野菜の味を決めるのはカルシウム。爺さんは専門家じゃないから科学的に正しいかどうかはわからないけど、カルシウムを吸っていない野菜はおいしくないと思うね。

外国が原産の野菜を作るとき、爺さんは現地の味に少しでも近づけるように作ってきた。けれどそれは、原産地とそっくり同じものを作ろうということではない。日本で作った野菜を、日本の店で食べた人が、「輸入したものよりおいしい」と感じることが肝心なんだ。それを大切に思いながら、爺さんはこれまでやってきた。

冬——深穏のとき

霜が降り、力強さを増す冬野菜

木枯らしが吹く頃から、畑は一気に冬模様を帯びてくる。暖かい季節のエネルギッシュな緑はなりをひそめ、全体がくすんだような色あいになる。スーパーで一年中売っているブロッコリーを見ればわかるね。夏場はやわらかくて青々としているけど、寒くなると花蕾《からい》が少し締まって紫がかったものがよく店頭に出る。品種にもよるけど、黒ずんだようにも見えるものもあって、それを敬遠する人もいる。だけど心配ない。あの色は、ポリフェノールの一種のアントシアニンの色素なんだ。むしろこっちを選んだほうが美容や健康にもいいくらいだね。

植物は、ある一定の温度まで下がると、寒さから身を守るためにアントシアニンを生成する。だから、野菜は霜に当たると甘みと風味が増していくんだ。爺さんの畑でも、たとえばカーボロネロ（黒キャベツ）は春にも出荷しているが、やはり秋冬にできるもののほうが本来の黒っぽい色がよく出ているし、風味も濃いね。

そんなわけで、爺さんも冬は赤や紫の色素がきれいに出る野菜をいくつも作って出荷している。たとえば、紫のプチヴェール、紫キャベツ、紫白菜、赤軸ほうれん草、パープルカラシナ、コウサイタイ、ビーツ（デトロイト系）なんかがそうだ。

八街の冬の畑

寒い時期には、どんな野菜も甘みが増える。その代表格と言っていいのが、ホウレンソウだ。うちで作っているのは、ちぢみほうれん草。名前の通り、葉がちりめんのように縮れている。スーパーで売っている一般的なホウレンソウとはだいぶ姿が違うよ。地を這うように、横に広がって伸びる。太い茎が、根元でうねるように伸びているものほど味が力強い。

パンチがあって他の素材に負けない存在感があるから、単体で使ってもいいし、ジビエと一緒に出す店もある。爺さんが自宅で食べるときは、おひたしにしたり、ベーコンと一緒に炒めたりすることが多いね。

1株の直径は30センチ以上になるけど、冬の初めはまだ小さくて弱いから、寒冷紗*をかけて育てている。まあこの場合、寒さよけというより鳥よけだね。冬は、エサになる木の実や青いものがなくなるから、鳥はホウレンソウに目を付ける。やわらかい新葉が出る生長点のあたりを、あっという間に食べてしまうんだ。

ちぢみほうれん草

「レフェルヴェソンス」では鴨肉に合わせるそうで、昨冬も注文が来た。そのとき爺さんはちょっと思いついてね、箱の底に「大浦ごぼう」を忍ばせておいたんだ。大浦というのは千葉県匝瑳《そうさ》市の地名で、このゴボウは江戸時代から栽培されてきた伝統野菜だ。成田山新勝寺に奉納されているので、市場にはほとんど出回っていない。直径が10センチぐらいあって、中は空洞になっている。知識がなければゴボウだとわからないだろうな。

でもヘッドシェフの広瀬隼人氏からは、すぐに「ゴボウありがとうございました」というメッセージが来た。広瀬シェフは生江シェフと一緒に創り上げたメニューを現場に落とし込み、お客さんにサーブするまでのすべてを仕切るだけの実力があるのだから、ちょっと珍しい野菜でもすぐわかったんだろう。あれで何を作るか楽しみだね。

ときどき、こういうことをするのが爺さんの趣味だ。若いシェフの中には、そういう珍しい野菜を入れておくとすぐ、「これ、何ですか」と電話で聞いてくる人もいる。だから、ただ「宿題」と書いた紙を一緒に入れておくだけのときもある（笑）。知らないものがあったら、人に聞く前にまず自分で調べなくちゃ成長しないからね。

＊寒冷紗……被覆資材のひとつ。夏は高温や強い日差しから植物を守り、冬は防寒の目的で使用する。防風や防虫に用いることもある。

ネギには、農家だけが味わえる特権がある——リーキ（西洋長ネギ）

八街《やちまた》では、早ければ12月の初旬頃から霜が降りる。早朝に畑に行くと、よく霜柱ができている。秋に植えた赤タマネギの苗が、そんななかでも元気にがんばっている様子を見て、爺さんも老骨に鞭を入れているよ。

秋に種を蒔いたイタリアのソラマメ「ファーベ」は、草丈30センチぐらいまで伸びている。5月に収穫するためには、冬越しの管理が重要だ。ずっとビニールトンネルをかけて防寒する農家も多いみたいだ。でも、甘やかしすぎると本来の味は出ないと爺さんは思う。じつは寒さには結構強いしね。だから、株がある程度まで大きくなったら真冬でもトンネルを外している。

生長途上のファーベ

冬至の前後は、16時を回る頃には空は夕焼け色に染まり、途端にぐっと気温が下がる。毎年のことではあるけれど、真夏と真冬の気候は年々厳しくなっているね。夏は高温が続いて生育が鈍ったり、種蒔きしても芽が出なかったり。冬は強烈な寒波に見舞われて葉物野菜が凍ってしまい、出荷できないものもあった。

長ネギのリーキは、寒くて乾燥がひどい日が続くと外側の葉が枯れてしまう。水をかけることもできるけど、気温が低すぎると凍ってしまう場合があるからまずやらない。これで持ちこたえてくれるに越したことはないんだ。余計な水分を一切含まないぶん、味が凝縮されていくからね。今年はどうかな。

日本の長ネギは葉が丸いのに対し、西洋ネギは平たいからすぐに見分けがつく。フランス料理のポトフや煮込み料理なんかでよく使われるリーキは、春に種を蒔き、生長に応じて秋までに3回土寄せ（根元に土をかけて覆うこと）をする。日が当たらなくなることで、土で覆った部分は白くなる。つまり、土寄せをすればするほど軟白部分が長くなるわけだ。田んぼの土みたいな重い土壌のほうが崩れにくいし作業もしやすいから、最近は、田んぼの裏作で長ネギを育てる農家が増えているね。

一方、八街の土壌は火山灰土で、普通の土壌より軽いから、本来はネギ栽培には向いていない。それでも結構需要があるから、秋の終わり頃から冬にかけて出荷している。極太のものだと直径4センチ以上になる。シェフによって、なるべく太いのが欲しいという人と、細めが好みだという人がいる。だからその人の料理に合ったものを1本ずつ選んで抜く。スーパーに出荷される長ネギは、皮むき器でつやつやのやわらかい肌が出るまで剝いてあるが、爺さんは枯れた葉を取って土を落としただけの状態で出荷する。見栄えは悪いが、店で調理する直前に剥いてもらったほうが新鮮だし、調理したときの仕上がりもよくなる。

リーキは日本の長ネギより硬いから、生で食べることは少ないね。フレンチのシェフに聞くと、ヴィシソワーズスープにしたり、ポワローヴィネグレット（マリネ）にしたりすることが多いと言っていたな。独特の香りがあって甘みも強い。グリルや煮込み料理、スープ、グラタンなど、利用範囲もジャンルも広いと思う。

リーキの収穫

爺さんは、輪切りにしたものを手羽元と一緒に煮込んで食べる。骨から出た旨みがリーキにしみ込んで、なかなかいけるよ。肉も摂れるし、女性だとやっぱりコラーゲンだな。あとは普通に鍋に入れる。冬はこれで、体があったまる。

売れ行きにもよるが、リーキは3月いっぱいまでそのまま畑においておく。春先にできるネギ坊主を食べられるのは、農家の特権だ。でも、じつは特権はもうひとつある。それは根っこ。とれたての、根がまだ元気でふっくらしているうちに切り取って、ひたひたのオリーブオイルでカリカリになるまで炒める。それを少し揉んで、塩を加えて瓶に入れておけば、ちょっとした調味料になる。薬味用の青ネギでも、玉ネギでも、エシャロットでも同じようにできる。サラダやパスタ、メイン料理のトッピング、それからスープの浮き身にしてもいい。ゴマ油に漬けておけば、中華料理用の調味料になる。炒飯に振りかけて使ってもいいね。爺さんは、鶏の水炊きを作るときに薬味として使ったりする。から揚げに振りかけても美味いぞ。

秒単位でテストをして、おいしい加熱時間を見つける――ニンジン

ちぢみほうれん草と並ぶ冬野菜のエースといえば、ニンジンだ。うちでは秋からミニニンジンとして出しているけど、本番はやっぱり冬だね。霜に当たるとがぜん甘みが乗ってくるんだ。

最盛期は10品種近く作付けしていたし、「レインボーキャロット」という商品名で7品種セットにして売ったこともある。生で食べるとおいしいものとか、加熱に向いているものとか、それぞれ特性があるからね。加熱する場合でも、焼くのか煮るのかによっても違

う。肉に合う品種と魚に合う品種も違う。ただ、あまりに多いとシェフが使い分けに困るみたいでね（笑）。だから2年前から使いやすいものを厳選し、「アロマレッド」「ひとみ五寸」「金美」の3つに絞ったんだ。

ところがその矢先に「金美」の種が廃番になってしまった。だから昨年からは昔テスト栽培したことがある「イエローハーモニー」という品種に切り替えた。これがわりと評判が良くて助かっている。

こういうことが、近年よくある。金美の前にも、栽培が簡単で味も形も良く、収量もあるいい品種があったんだが、それも廃番になった。沖縄の種苗会社のものでね、やはり全国区じゃないから普及しなかったんだ。種苗会社は売れないものは作らない。経済合理性が優先されれば、良い品種でもどんどん淘汰されていく世の中だ。

ニンジン

どれがいい品種なのか、特徴をつかんで選抜していくには、やはり自分で調理してみることが先決だ。爺さんは、生のニンジンを200度のオーブンで加熱していって、1秒ごとに取り出して味を見てみた。すると4秒熱を加えたとき、味がぱっと変わった。たった1秒の差で、「あれ、違う」とすぐにわかったんだ。中華料理の「油通し」のテクニックなんかを見ていても、ちょうどこれくらいの時間でやっているんじゃないかなと思う。イタリアンのシェフは、中華料理のこういういいところを積極的に取り入れていったら面白いなと思う。

こんなふうにテストを重ね、自分が作ったものがどうすればおいしくなるかは料理人に伝えるようにしている。ちょうど料理対決のテレビ番組に出ていたシェフにこれを教えたことがあってね。直後にニンジンを題材にした対決があって、そのシェフは見事勝利したよ。

もちろん、「こうするとおいしい」というのはあくまで参考であって絶対ではない。鍋の材質も、火力も、店によって違うしね。シェフは5秒でも10秒でも、あるいは10分でも試してみて、自分の味を作っていってほしい。

ニンジン嫌いのシェフが、喜んでニンジンを買っていった

ニンジンは栽培歴が長いぶんだけ、いろんな思い出があるね。イタリアンで最初にうち

のニンジンを使ったのは、たぶん「リストランテ・ヒロ」時代の山田宏巳シェフだったと思う。畑でルッコラを試食したのをきっかけに取引が始まってから、彼はときどき思い出したように来るようになった。ある日、収穫が始まったニンジン畑に案内すると、「ニンジンは苦手なんだよね……」とシェフは顔を曇らせた。それでも爺さんは畑から1本抜いて、土を落として手渡してみた。

その場でニンジンをかじったシェフは、「ん?」と言った。やっぱりだめだと言われるかなと思ったね。ところが次の瞬間、「おれ、このニンジン食べれる!」と、子どもみたいに目を輝かせた。「これ使って何か作ってみるから、明日すぐ送ってもらえる?」と。

これが、ルッコラ以外の野菜をレストランに出荷した最初だった。

当時、日本のイタリアンではニンジンはもとより、野菜そのものに重点が置かれていなかった。いまは「野菜がおいしい」と評判になる店もあるし、特定の野菜を使ったスペシャリテを売りにするシェフも多いね。野菜を主役にしたスペシャリテを創り出すことは簡単ではない。でも山田シェフは当時から、日本全国を訪ね、これと思った食材を探し出して自分のものにできる才覚があった。なかでも有名なのが、高知県の徳谷《とくたに》地区で栽培されているトマトを使った「フルーツトマトの冷製カッペリーニ」。これはもはや、彼のトレードマークと言っていいだろう。

徳谷地区では昔からトマトを作っていたが、1970年代に台風で堤防が決壊し、高潮をかぶった産地は壊滅状態に陥った。ところが、台風が去った後、ある1軒の農家が、ハウスにわずかに残っていたトマトをかじってみたところ、これまでにないほどの味だったそうだ。そこで、塩分濃度の高い土壌から甘くておいしいトマトができるように試行錯誤を重ねた。通常のフルーツトマトの倍ぐらいの時間をかけて育てる農家もいて、糖度は8度以上あるそうだ。メディアの取材を受ける際にも、シェフは「このトマトがあるからおいしいカッペリーニができる」と答えていた。それで徳谷のトマトは、そのストーリーとともに全国に知られるようになり、生産者も増えていったと聞いている。

銀座の名店のシェフの技

フレンチでは、当時「銀座レカン」の総料理長として「超一流」の名をほしいままにしていた十《と》時亨《ときとおる》シェフとの出会いがあった。青果卸をとおしてうちのニンジンを使い始めたシェフから、ある日連絡が来たんだ。「いいニンジンですね。一度畑に行ってもいいですか」と。

当日、畑を一通り案内し、ニンジンやそのほかの野菜を試食してもらうと、シェフはどこか納得したような表情を浮かべていた。その頃十時シェフは、ニンジンをよくコンソメジュレやムースにして使っていた。その場でニンジンを加熱して作るのではなく、前日にローストして一晩休ませておくと糖度が上がり、ニンジン特有の青臭さもなくなるのだそうだ。

ニンジン畑と浅野

その後もしばらく取引が続き、ある日またシェフから連絡が入った。月刊『シェフ』（イマージュ）で十時シェフが特集されることになり、「店で使っている特選素材を掲載することになったから、浅野さんのニンジンを紹介したい」とのこと。「別にいいですよ、シェフが迷惑じゃなければ」と答えたけど、内心少し驚いた。ふつう、これほどのシェフならもっと特別なルートで仕入れた高級素材を並べてもよさそうなのに、あろうことか、千葉のニンジンを掲載するというのだからね。はっきりと理由は聞いていないが、うちの畑で初めて食べた日のことを忘れないでいてくれたのかもしれないと思っている。

山田シェフも、十時シェフも、そして飲食店として初めてルッコラを買ってくれた「アクアパッツァ」の日高シェフも、多くの生産者を訪ね、自分の料理に合う食材を自分の目と舌で選ぶ料理人だ。だからこそ、他の誰のものでもない料理を生み出し、一時代を築くことができたんじゃないかと爺さんは思っている。彼らは還暦を過ぎた現在も根強いファンに支えられ、毎日厨房に立っている。日高シェフは最近 YouTube チャンネルを開設したことでも話題になっているね。

ちなみに、生江シェフが料理人の道を歩むことになったきっかけは、日高シェフが当時経営していた「マンジャペッシェ」でサービス担当として採用されたことだった。日高シェフから「知のエッセンス」を得たと、本人も語っている。その後「ミッシェル・ブラス」や、イギリスの「ザ・ファットダック」などの名店で腕を磨き、「レフェルヴェソンス」で現在の地位を築いていく素地が作られたのだろうと、爺さんは思っているよ。

シチリア料理のシェフが料理に使ったのは、平安時代の日本の保存食

冬の間、納屋の軒先には「柚餅子《ゆべし》」を並べたネットがぶら下がっている。これを作るのが、爺さんの農閑期の仕事のひとつなんだ。

自然乾燥中の柚餅子

柚餅子というと、甘い餅菓子を連想する人が多いかもしれないが、爺さんが作るのはその原型にあたるもので、柚子の中に味噌や木の実などを詰めて蒸し、乾燥させたものだ。古くから日本国内に伝わる保存食のひとつで、平安時代末期の源平合戦（治承・寿永の乱）で敗北し、山間部などの僻地に隠れ住んでいた「平家の落人」が調味料代わりに作っていたという説がある。

うちには柚子の木が2本あって、秋の終わりから冬の初めにかけて収穫するんだけど、結構たくさんとれる。ただ、長期間の保存が利かないから、加工して長持ちさせる方法はないかとあれこれ考えていた。そんなとき、ある人から

教えてもらったのがこれだ。作り方を聞いて、さっそく翌日から作り始めた。

手間はかかるが、作り方自体は簡単だ。果実の上のほうを切って中身をくりぬき、味噌にクルミやゴマを混ぜたものを詰める。うちは落花生の砕いたのも入れているよ。そして、最初に切り取った上部の果皮で蓋をして、40分ぐらい蒸す。それをひとつずつキッチンペーパーでくるんで、干物を作るときなんかに使うような吊り下げ式のネットに入れて、3カ月ぐらい自然乾燥する。水分が抜けて硬くなってきたら、冷蔵庫で保管する。何年でも持つよ。

一度に使う柚餅子の量は、ほんのちょっとだ。できたてはまだ少しやわらかいから、薄くスライスして酒のあてにしてもいい。爺さんは、そばとかそうめんを食べるときに、隠し味でつゆの中に入れたりする。1年ぐらい冷蔵庫に入れておくと、やがてカチカチになる。そうなってきたら、おろし金でおろして調味料的に使うのも一興だ。わさびの代わりに刺身にパラパラとかけたり、鍋料理や味噌汁に入れたりしてもいい。和食以外にも、カルパッチョとか、ピザ、パスタにトッピングしても意外といける。魚との相性がいいんだ。

だから、「バイバイブルース東京」のパトリツィア・ディ・ベネデットシェフが畑に来たときにも、遊び心が湧いてきてね。シチリア料理は魚料理が多いから、面白いと思ってくれるかもしれないと思い、シェフに柚餅子を出してみた。そうしたらすごく気に入ってくれて、20個持って帰った。シチリアの本店で使ったら、スタッフに大受けして、お客さんも喜んでいたそうだよ。

日本はもっと優良種を守らなければならない――プチヴェール

年が明ける頃に、毎年「プチヴェール」を出荷している。1990年に、静岡の増田採種場がケールと芽キャベツを交配して開発した野菜だ。芽キャベツと同じように、本葉の脇に出る若芽（脇芽）を収穫するけど、完全に結球はしない。バラの花みたいな形になる。色は緑、白、紫があり、爺さんは主に白と紫を育てている。どれも育ち初めは緑だが、夏場に生長し、晩秋以降の寒さに当たるにつれて色が変わっていく。形がきれいだし、小さいから丸ごと調理できるし、発色もいいから、皿の上で映えるね。年々人気が上がっている。さっと茹でるだけで食べられるし、グリルでもいける。

プチヴェールは、世界初の非結球芽キャベツだ。海外への持ち出しは禁止されている。こういう日本だけで食べられる野菜をもっと守っていかないといけないと思う。日本で開発されたブドウの「シャインマスカット」やイチゴの「あまおう」、それから「コシヒカリ」や「和牛」なんかが外国に次々と流出したことで、近年やっとこのことが問題視されるようになった。

この国は、第一次産業の分野でもずいぶん平和ボケしているね。何十年もかけてせっかくいい品種を開発しても、自分の国でしか品種登録をしていなかったから、そこに目を付けた者たちに盗まれ、好き勝手に使われてしまった。

このことで、いったいどれだけの経済的損失を被っただろうか。それだけじゃない。こういうことが繰り返されると、消費者の信頼、ブランド力、そして開発者や農家のモチベーションまで奪ってしまう。

これを「想定外」と言った政治家がいたけど、いったい何を考えているんだろうか。どう考えても「想定内」だろう。悪いことをする奴は、いつでもどんな手を使ってでもやるものだということは、日々のニュースを耳にしていれば誰にだってわかる。まして植物の小さい種なんて、ポケットとかバッグの底にちょっと入れて持ち帰ったところでばれるわけがない。外国の農家も昔よりずっと技術は向上していて、いい種をひとつ持っていれば、そこからどんどん改良できるようになっている。

優良種を盗まれること自体は、完全には防げないだろう。ただ、それを赤の他人によって商売に使われないように対策を取り、開発者や生産者を守るのが、国の果たすべき役割なんじゃないのか。

春に向けて、牧草で土中堆肥を作る

1月も中旬を過ぎると寒さが本格化し、朝晩は氷点下まで気温が下がる日もある。これまでの最低はマイナス5度。日陰だと厚さ5センチくらいの氷が板状に張って、トラクターを動かすとガクンガクンとなる。気候の変化を実感しているよ。

一般的な畑作の野菜で、最低気温0度以下で耐えられるものは少ないから、さすがに露地野菜の収穫は減っていく。この時期は、冬向けのカブや大根、寒さに強い葉物野菜が中心になる。畑が空いてくるから、春先に向けて手入れをする。

同じ場所に同じ作物を連作すると、土中菌や微生物のバランスが偏ってしまい、いろんな病気や、特定の害虫が大量に発生しやすくなる。こうした連作障害を減らし、野菜の生育を良くするために、爺さんは収穫が終わった畑に牧草の種を蒔いて土中堆肥を作っている。

牧草はイネ科の「三尺ソルゴー」をよく使う。茎が硬くならないから土中で分解されやすいし、殺菌能力が高い枯草菌《こそうきん》というのが発生して病害虫を出にくくしてくれる。生長して実がつくとヤギのメイのエサにもなるよ。ほうっておけばそのうち枯れてくるから、上からローラーをかけて寝かすように潰す。昔は刈っていたけど、こうして生えたまま潰しておくと、地表全体を覆う形になるから雑草が生えにくくなると気づいた。

牧草を土中で分解させるためには窒素分が必要だから、県内の養鶏場から二次発酵まで終わっている鶏フンを仕入れて土に撒いておく。この養鶏場が出荷しているのは、藻入り

牧草を倒して堆肥化している畑

牧草が土中で分解され、堆肥となっている

のエサを食べて育ち、抗生物質を使わない鶏の卵（ヨード卵）だ。鶏フンにしても、火力乾燥ではなく、ちゃんと発酵させて作っているよ。量販店で売っているブロイラーの鶏フンより高いけど、やっぱりこっちのほうが効果があるから使っている。

鶏フンを撒いたあとそのまま野ざらしにしておくと、雨が降るたびに土の中に入り込み、腐食して有機物が分解されていく。ときどきトラクターでかきまぜると、だんだん原型をとどめなくなり、やがて堆肥化していくんだ。

このやり方だと、堆肥置き場を作る必要がないし、新しく種を蒔く春先までに完全に堆肥になるんだ。でも普通の農家は生産性とか収益性を考えるから、あまりやらないだろうね。これをやっている間は畑を使えないから。

「変人」とは、「変わっていく者」のことだ

子どもの頃から人と違うことをやってきたし、百姓になっても人と違うものを作ったり、人と違う作り方をしたりするから、爺さんはずっと「変わり者」とか「変人」と言われてきた。会いに来た人、インタビューに来た人が、明らかに爺さんのことを「変な人」だと

思っているなというのがわかるときもあるよ（笑）。そんなときは、「おれ、変わってるだろ?」と言ってみる。「そうですね」と答えてくれたほうが嬉しいね。「ユニークだ」なんて飾った言葉で答えなくていい。「変な人」でいいの。

変わり者っていうのは、「変人」というだけじゃなくて、「変わっていく者」であると爺さんは解釈している。変わっていったほうが楽しいに決まっているじゃないか。人と同じことはしたくない。人と比べたくもない。変わったことをしたら失敗もするけれど、それは次への布石だ。もっとも、成功したってそれは他人からはわからないだろうな。

人間、何が幸せなのか、何が楽しいのか。それをただ考えていたって答えは出ない。答えは自分で作っていくものだ。1＋1が2ではなく、3にも5にも10にもできるようにね。どんな職業だって、上を見たらきりがない。ハウスを100坪しか持っていない農家が、何千万も稼いでいる大規模法人の真似をしたって無理だ。できないことをいくら夢見たって叶わないのは明らかなんだから。

日本で野球選手をめざしている子どもたちはいっぱいいるけど、みんなが大谷翔平みたいになれるかといったら無理だ。彼は、いまや世界に一人しかいないと言えるほどの選手なんだから。そうじゃない人は、変人と言われようが非常識と言われようが、自分ができることをどんどんやればいいと爺さんは思うね。

よく人に言っているのは、「ひとつの努力か、ひとつの怠けか。そこで差が出る」ということ。努力した人がプラス1だとしたら、怠けた人はマイナス1。そこで2の差がつく。だから毎日ひとつの努力でいいんだ。いっぱいやる必要はない。子どもだってそうだろう。もっと頑張れとか、口で言ったってだめなんだから。やる気もないのに、自分の能力を超えてできるなんてことはありえない。

余計なことはしない。もっと手間をかけろ

農業の場合、やらなければいけないことをやらなかったら致命傷になる。でも、やらなくていいこと、つまり余計なことはしないほうがいい。作物の特性を理解したうえでやるのはいいよ。でもその理解もないのに、人間の理屈でやってもだめなんだ。

たとえば肥料。イモ類は基本的に肥料をやらなくても育つけど、ついやってしまう人もいる。なぜかって、隣の畑より小さいと不安になるから。でもイモ類は、地上部が立派に育ってしまったら、肝心の土中のイモはろくでもないことになるんだけどね。

昨シーズン、うちのニンジンは肥料も入れていないのに、やけに大きくなった。人為的に何かをしたわけじゃないから、気象条件がニンジンの生育に合っていたんだろう。大きくなったといっても、軸の部分は太くない。つまり、地上部は小さい。でも根はちゃんと太っている。そんなに栄養をやらなくても育つという証明なんだ。

他の作物もそうだけど、爺さんは肥料を必要なだけしか入れていない。最小限とか最大限じゃなくて、必要なだけ。種を蒔いたらもう、じっと我慢して見守っているしかない。余計なことをする時間があるなら、手間をかけて付加価値をつけたほうがいいね。

「手間」というと、省力化や効率化と対極にあるもののように考えられがちだ。あれこれ細かい仕事が増えると人的コストがかかると。でも本当にそうだろうか。農家の仕事で一番お金になるのは、手間をかけることだと爺さんは思う。手間をかけないものが安いのは当たり前だ。だから量だけで価格が決まってしまう。価値というのは、どこにあるのか。それを考えればわかる。手間をかけて、他にないものを売る。そこに価値がつくのではないのか。

どこに手間をかけるのかは、そんなに難しいことじゃない。たとえば昔、生産組合で出荷していた時代、爺さんは石川早生《わせ》というサトイモを独自に選別していた。組合の共選作物だから、みんなのイモを全部一緒にして機械で選別し、規格に合ったものを出荷するわけだけど、それだと小さいイモは商品にならない。東京ではね。

一方で、関西では京料理の料亭なんかで需要があるらしく、10円玉サイズのイモは当時、通常の大きさのイモの倍の価格で売れていた。だから爺さんはノギスを手づくりして、その寸法に収まるサイズのイモを選り分けてから組合の出荷場に出していた。持っていったってはねられるだけだから。

自分だけ内緒でやっていたわけじゃなくて、他の人がやらなかっただけ。理由を聞いたら、「面倒だ」と言う。なのに、共選で出したイモの値段が下がると「安い」と嘆く。やることをやっていないのに、高く売れるわけがない。人と同じことだけやっていたら、2どころか、10も20も差が開いていくんだ。

「プロフェッショナル」には出たけど、おれはプロじゃない

メディアは、普通の人よりも変人を好む。だから爺さんも、おかげさまでいろんなメディアがたくさん取材してくれた。最初は料理雑誌、それから一般雑誌や新聞、そしてテレ

ビ。「タルティーボ」を作っていた頃は、ＴＢＳの「情熱大陸」が取材に来ていた。もともと好きでよく見ていた番組だ。だからこそ、自分では大したことやっていないから辞退しようとした。自分がこんな有名な番組に出るなんて、おこがましいことだと思ったんだ。けれど、プロデューサーが熱心に口説いてきて、依頼を受けることにした。

ディレクターも熱心でね、「タルティーボ」の定植から収穫まで、半年間通って取材してくれた。放送されたのが２００５年。もう20年近く経つけど、彼はいまだにときどき畑に顔を出すよ。家族や友人とやってきて、うちの野菜で料理を作ってくれたりする。「○○を採ってもいいですか」とか、いちいち許可を求めてくるんだけど、爺さんは彼のことをお客さんだと思ってないから、「勝手に採ればいい」といつも言うよ。

２０１３年にはＮＨＫの「プロフェッショナル　仕事の流儀」に出た。制作側から打診があった時点で、じつは何度も断っていたんだ。だって、あの番組は必ず最後に「プロフェッショナルとは？」と聞くだろう？　でも爺さんはそもそも自分のことをプロだと思っていないから答えられない。けれど先方がそれでいいと言ってくれたから、受けることにした。

当時、爺さんはシーアスパラガスの栽培に挑戦中だった。取材を受けた時点ですでに5

年間試作を重ねていたけど、ことごとく失敗していた。それでもやめなかった理由は、2011年に起きた東日本大震災だ。津波をかぶり、農地に塩害が出て作物を育てられなくなった農家が少なくなかった。塩分濃度の高い土壌で育つシーアスパラガスの栽培に成功すれば、そうした農家が今後も自分の農地で営農を続けられるんじゃないかという思いがあった。シーアスパラガス自体も塩味があってね、磯の香りが出せるから魚料理との相性がいいと思う。

アッケシソウという日本名もあるが、栽培が難しいこともあって日本にはシーアスパラガスの産地がない。でも自分が取り組むからには、東北の沿岸地帯で誰でも無理なく栽培できる方法を見つけ出したかった。種蒔き用の土の配合を変えてみたり、ハウスでのプランター栽培と露地栽培*を組み合わせて温度と日照を管理してみたり。なんとか芽を出して育ち始めたものをレストランに持っていき、どんな料理ができるかシェフに相談したり。悪戦苦闘し、もがく様子がそのまま映っているよ（笑）。

あの時点で、レストラン向けの野菜を作るようになって20年近く経っていたけど、いつもわからないことばかりだった。いまでもそうだけどね。だから番組タイトルは、「いつも1年生、自然のままに　野菜農家・浅野悦男」となった。

プロフェッショナルとは？　という質問には、結局こんなふうに答えた。

「すべてを会得して完璧にできる人はプロかもしれない。でも自分はそうじゃない。まだ終わりがなく、これからもずっと続けていく。これでいいんだ、という意識はない」

プロの農家なんていない、と思っている。自分からあえてプロを名乗る人は、まだプロになっていないんじゃないか。イチローを見ていると、そんなことを思う。イチローは国内外から尊敬を集めてきた選手だけど、彼自身はいまだに自分に満足していない。自分でプロだとは言わず、ただ「野球が好きなだけ」と話す。

プロと称する人は、引退するとプレーをやめてしまうか、お遊び的にしかやらない人も多い。でもイチローはプロリーグの現役選手としてやらないだけで、いまでも野球にすごく熱中しているね。草野球や練習試合でも全力でプレーする。手加減なんてしない。野球はこういうもんだ、というのを実践しているんだ。いまの自分の力で、相手に全力で立ち向かうのが礼儀だと思っているのだろう。それがすべての人に評価されるかはわからない。でも爺さんは、大リーグで活躍していた頃より、いまのイチローのほうが逆に好きだな。

＊露地栽培……ハウスなどの施設を使わず、屋外の畑で花や野菜を栽培すること。

みんなが欲しがるものを作れる農家をめざせ

農家も、プロであるかどうかより、もっと大切にしなければいけないことがあるような気がするね。

爺さんは、農業を仕事とは思っていない。だって、仕事だと思ったらきつくなるだろう。「やらなきゃいけない」という思いが勝ってしまうから。もちろん、一応商品として出しているから、毎日野菜を育ててはいる。でも、それをどうしても売らなければならない、と思ってやっているわけではない。

そんなことよりも、「人よりいいものを作ろう」という気持ちが大事だ。爺さん、それは60年間ずっと変わっていないよ。

人よりいいもの、というのは、人が欲しがるものだと思う。「ニーズ」なんて考えなくていい。いいものは誰でも欲しがるから、需要は自然とついてくる。

「人よりいいものを作ろう」という思いがあれば、必ずそういうふうになると爺さんは思う。日本には「思えば、思われる」みたいな精神文化もあるね。言葉を交わしていないのに、ずっと思い続けたら、相手にその気持ちが伝わることがある。まあいまの人は、ストレートに言葉に出すのかもしれないけどね。とにかく、思わなきゃ何も始まらないんだ。

昔、あるスーパーの社長から面白い話を聞いたことがある。

彼の子どもは当時小学生で、学校の実習で米を作っていた。収穫した米は学校のバザーで販売され、それを奥さんが買ってきて食卓に出した。その日の夜、社長が夕食にその米を食べたら、いつも食べている米と明らかに味が違ったそうだ。それで奥さんに聞いたら、子どもたちが作ったものだとわかってとても驚いた。彼のスーパーは、バイヤーが全国を回って見つけた選りすぐりの米を売っている。それなのに、苦労して探してきたものより、実習田の米のほうがずっとおいしかったというんだから。

それで彼は爺さんに電話してきたんだ。「原因はなんでしょうかね」と。だからこう答えた。

「生業としてやっている米農家には欲があるでしょう？　金をとるという欲がね。子どもたちに同じ欲があるかっていったら、そんなものないですよ。おいしいお米を作ろう、という気持ちしかない。その差ですよ」

昔からよく言うけど、欲っていうのは、張れば張るほど結果が逃げていくものだ。逆に言えば、「無欲の欲」というのは最強だね。欲を張っていないのに、欲がある。本人は無意識であっても、人やモノに対する潜在的な思いがあって、それがお互いにつながるということなんだ。金銭という対価を求める欲よりも、「いいものを作りたい」という思いが自分の中に強くあるか。それが大切だと思う。

あとは、自分が好きな野菜を作ることだ。好きなものは、よりおいしく作ろうと努力するからね。好き嫌いに関係なく、ただ収入を得ることが目的の人は、まずは量をとることを優先する。ジャガイモでもなんでも、大きいものを作れば重量が稼げるし手間も省ける。だって、小さいものを作ったら梱包が面倒だし、箱代も余計にかかるからね。

けれど、いまは小さい野菜が好まれる。核家族化が進んで大きい野菜は食べきれないし、ここまで何度か書いてきたように、小さいほうが味が凝縮されていて単純に美味いからだ。そういう時代の流れというのを、農家もちゃんと把握してないとだめだな。そういう意味ではファッション業界と同じだと思う。

レストランが欲しがる野菜を作れる農家になるためには、シェフと共に歩むという姿勢が求められると思う。爺さんが、自分のことを店のスタッフだと言っているのも、そこにある。生産者と料理人が直接話をして、おたがいを理解し、学びあいながら進歩していく関係を築ければいいと思う。

シェフは、地元の農家からただ食材を仕入れるのではなく、生産者を育てるという感覚を持つことが肝心だ。それが一番の仕事だと爺さんは思う。必要な食材を手に入れるためには、自分のできることを精一杯やって、地元をまず引き立てなければね。

いま東京で修業している若い料理人たちに、爺さんは必ず出身地を尋ねるんだ。そして、将来地元で店をやりたいと言った人には、「同級生で農家やってる友達はいるか？」と聞く。自分の店で使いたい食材があるなら、いまからテスト栽培を始めてもらい、いざ地元に帰ったときには専属の生産者になってもらえばいいと思うからだ。

本当は、まずは自分で畑をやってみるのがいい。四苦八苦してやっていたら地元の人が見に来るだろうから、作り方や食べ方を聞いてみる。それをものにできたなら、栽培が上手な農家に頼んで作ってもらえるようにする。そういう交流を増やしていけば店のことも知ってもらえるし、横のつながりで、他にも店で使えそうな野菜を作っている農家と出会えたりもするだろう。

それが、本来の地産地消の意義だと思うね。

一人のシェフが、人生をかけて志した「食の都」

２０２３年３月、爺さんはフランスのグルメガイド『ゴ・エ・ミヨ』のテロワール賞を、奥田政行シェフとともに受賞した。

奥田シェフとは、彼が故郷の山形県鶴岡市に「アル・ケッチァーノ」を開店した直後からの付き合いだ。いまでこそ当たり前になったけど、彼は当時から、地場野菜をたくさん使った料理を出していた。けれど料理界の評判はさんざんでね、迷っていたのだと思う。「浅野さんのところの野菜を使いたい」なんて言い出したときは、「なに言ってるんだよ！」と声を荒らげてしまった。山形は、地場野菜の宝庫だ。みんなが知っている「だだちゃ豆」だけじゃない。藤沢かぶ、平田赤ねぎ、外内島《とのじま》きゅうり、月山筍《がっさんだけ》、民田《みんでん》なす……。数え上げたらきりがないし、三方を山に囲まれた庄内平野は山菜の宝庫でもある。

もちろん、シェフもそれはわかっていただろう。けれど、当時の料理界ではかなり異端視されていたから、弱気になるのも無理はない。

地元には、彼が「師匠」と呼んで慕う山澤清さんという農家がいる。かつては日本全国から集めた在来作物を年間数百種類栽培し、現在もその種を保存・更新するシードバンクを個人で運営している。２０１３年には農事組合法人「大日本伝承野菜研究所」を立ち上げた。13品目・約２２０種の在来作物の種苗を全国から取り寄せてハウスで試験栽培し、鶴岡の気象条件下でどの作物が生育できるかの検証をしている。

農業の未来を拓くには「自然を取り戻すこと」が肝要だと山澤氏は考えている。畑に、自然の生態系を再現する。つまり植物を管理するのではなく、本来の姿で健やかに生長できるようにするということだ。提唱するのは、「モア・オーガニック」を意味する「モーガニック」。畑を開墾するときは、農地として利用されたことのない土地を選ぶ。そして、食用鳩を飼って無農薬のハーブを食べさせ、そのフンを完熟させたものを堆肥として施す。もちろん、同じ作物を大量に作付けするのではなく、違う科の野菜やハーブを混植・輪作する。すると特定の菌や虫に支配されない安定した生態系ができていくから、病害虫対策は最小限で済む。たとえば畑で蝶が産卵しても、幼虫に葉を食べつくされてしまう前に天敵のスズメがやってきて幼虫を食べてくれる。アブラムシが多少出たとしても、テントウムシが食べてくれるから被害は少ない。ここまで徹底できる人は、他にいないんじゃないかと思う。

山澤氏にはずいぶん前に一度だけ会ったことがあるけど、爺さんと同じ、筋金入りの「変人」だったよ（笑）。昔は会社員として大型農業機械の技術者や農薬の販売をやっていたそうだが、長男がアトピー性皮膚炎になってから食のあり方を考えるようになったそうだ。植物の生理や特性、生態系の仕組みなどを研究する一方で、料理の修業もしてきた。

奥田シェフは若い頃、東京のイタリアンやフレンチのレストランなどで修業し、故郷に帰ってからは地元のホテルや農家レストランで料理長を務めていた。長蛇の列ができるほどの人気だったという。名前が売れていたから、30歳で「アル・ケッチァーノ」を開店したときも、当然地元で話題になった。ところが、山澤氏だけはなかなか満足せず、料理を残して帰ることもよくあったそうだ。

その理由を考えるうちに、奥田シェフは自分がイタリア料理というカテゴリーに縛られていたことに気づいたのだろう。重いソースは、ときに野菜のみずみずしさと香りを損なってしまう。野菜や果物が育つ自然環境を知れば、生

山形の農作物について語り合う奥田シェフ（右）と浅野

で出さなければいけない食材と、加熱したほうがおいしい食材の別も、おのずとわかってくる。農家に学ぶことで、シェフは「素材から考える料理」を志すようになった。それで、料理界から叩かれるようになったんだ。

そして開店から2年経った頃、山形の農業は大きなピンチを迎える。県内産の農産物から、無登録の農薬が検出されたんだ。業者が違法販売をしていたせいだったけどこれが大騒動になって、メディアでは連日のようにトップニュースで報じられた。出荷停止や廃業が相次ぎ、自殺者も出た。「この大地を守るために、なんとかしなければ」とシェフは思ったそうだ。そして、「40歳になるまでに、庄内を食の都にする。命がけでやります」と地元の生産者たちに呼びかけたんだ。

戦後の近代化や生産の効率化により、在来作物の中には生産が先細りになっているものもたくさんあった。品種改良（人工交配）されていない、野生種に近いものが多いから、種を蒔いても芽が出る時期がまちまちだったり、個体によって生長にばらつきがあったりして市場出荷には適さないんだ。結果、農家が自家消費用に栽培する程度になっていく。ただ、それでも細々と栽培され続けているのは、在来作物には野菜本来の風味や味があるからだ。そして、その土地の風土や自然環境に合っているからこそ、自然交配で生き残れるんだ。シェフは山形大学と連携し、消滅寸前の作物を見つけては保存・継承に取り組み、積極的に自分の料理に取り入れていった。

かつて山形ではさかんだった羊の飼育も衰退し、飼育農家は数えるほどしか残っていなかった。そのうちの1軒である「月山高原花沢ファーム」は廃業を考えていたが、シェフはここの肉を一口食べて「電気が走った」という。そこで自ら農家を訪ね、講演なんかで

庄内野菜

得たお金で肉を買い、東京のレストランに売り込んだ。自分の店や東京のレストランで地場野菜や羊肉の味が評判となり、料理専門誌や雑誌に取り上げられたりすると、シェフはそれを農家に見せに行っていたそうだ。

庄内は、本当に食の都になるかもしれない――。そんな期待を農家は持てたのかもしれない。伝統的な焼畑農業で栽培される藤沢かぶには生産組合ができ、外内島きゅうりの生産量は一時12倍に、平田ねぎの価格は10倍になった。そしてシェフが「羽黒緬羊《はぐろめんよう》」というブランド名をつけて販売を推進した羊農家には注文が殺到し、廃業どころではな

くなった。いまは後継者もちゃんと育っている。

ひと昔前までの飲食業界では、東京にすべての食材が集まり、人もそこへ集まるというのが当たり前だった。「アル・ケッチァーノ」の存在は、その流れを変えたきっかけのひとつになっているね。この店で食事をすることを第一の目的に、東京からわざわざ足を運ぶ人が相次いだ。

よく知られた話だけれど、「アル・ケッチァーノ」という店名はイタリア語ではない。「ここにあるからね」という意味の山形弁だ。欲しいものは、東京や外国ではなく、全部ここにある。そんな意味を込めたんだろう。銀座にある直営店「ヤマガタサンダンデロ」もそう。「山形産なんでしょ」という意味の方言だ。

「食の都庄内」親善大使でもある奥田シェフは、約30年にわたって庄内の食文化を発信してきた。山澤氏だけではなく、地元のいろいろな生産者や関係者とつながり、協働してきた。その尽力が実を結び、2014年、鶴岡市はユネスコの「創造都市ネットワーク」食文化部門の加盟認定を受けている。

原動力になるのは他人の評価ではない。自分の好奇心だ

「ゴ・エ・ミヨ」の表彰式で爺さんは、「おいしい野菜とは何か。それは比較ではなく、シェフにとって自分の料理に合うかで決まる。それをどうやって見つけるかが問題です」というようなことを言った記憶がある。奥田シェフや生江シェフのように、たくさんの生産者と直接接点を持っているレストランは、全体で見るとまだ多数派とは言えない。青果卸を介して入ってくる食材を使うほうが多いのが現状のようだ。

「うちは無農薬で栽培しています。糖度は◯パーセントです」という生産者の言葉を、青果卸は〝データ〟として提供するだけ。自分で野菜を作っているシェフも少数派だから、そのデータを信用し、言われた値段で買う。生産現場に行って直接確かめることはほとんどない。それはおかしいと思わないのか、と爺さんは言いたい。

レストランの評価は、「ミシュラン」や「ゴ・エ・ミヨ」、あるいは「世界のベストレストラン50」のようなものがすべてではない。ただ、こういう場で一定の評価を受けたシェフの多くは、国内の生産者と食材にしっかり目を向けていることは確かだ。日本にしかな

納屋入口にあるゴ・エ・ミヨのステッカー

い食材を使い、フランスにもイタリアにもない料理を創造している。それは、生産者との深いつながりがなければなしえないことではないかな。

爺さんの経験で言うと、そういうシェフたちには共通点があるね。みんな子どものような好奇心と探求心を持っていることだ。めぼしい食材を見つけた途端、「この食材は、こうやって調理してみたらどうだろう」と、次々興味が湧いてきて、止まることがないんだ。

当たり前のレシピなんて、頭にないほうがいい。どうやったらおいしくなるか、「もっと、もっと」と思って進んでいけばいいんだ。

料理人になって最初のうちは、師事したシェフと似たような料理を作るのは仕方ないだろう。けれど、ずっとそれでは新鮮味がない。食べる側のレベルが上がってきているから、一定のランク以上の店ではおいしいのは当たり前。そこからは、他の店とどこが違うのか、何が新しいのかを、食べる人は期待するんだ。そうなると、シェフは料理の技術だけではなく、あらゆる面におけるセンスが試されることになる。

一目見ただけで「あのシェフの料理だ」と誰もがわかる一皿。何度食べても飽きない一皿。そんな料理を創り上げるのは簡単なことではないだろう。なかには、お客さんのレベルアップに追い付けず、「自分の料理のどこがまずいんだろう」と思い悩んでしまう人もいる。でもね、人間というのは悩むと視界がどんどん狭まるものだ。次のものが見えてこなくなる。答えになりそうなものがすぐ目の前にあっても、悩んでいる人の視界には入ってこない。だから、子どもみたいな好奇心をなくしてはいけないんだ。

爺さんがテロワール賞をもらったのは、周りの人の支えがあったからだ。行き詰まることは何度もあったよ。でもそれがいつも、重要なターニングポイントになる。そういうときにはなぜか必ず、知恵を貸してくれる人や、次なる一手のためのヒントやチャンスをくれる人が現れたんだ。そしてもちろん、その時代を担うシェフたちとのたくさんの出会いがあり、いろんな刺激を受けてここまできた。

山田シェフとは現在取引はないけれど、ときどき忘れた頃にメールが来る。内容は大したことじゃなくて、「たまには店に来てください」みたいな時候の挨拶だな。だからこちらも、「たまには遊びに来てください」と返事をする。それで実際お互いに行き来するわけじゃないんだけど、いまでもつながっているんだ。

賞をもらったあと、いろんな人からお祝いの言葉をもらって嬉しかった。ただ、受賞はもう過去のこと。爺さんも、シェフたちもね。受賞した瞬間は、その評価に値したのかもしれない。けれど、それがいまもまったく同じであるということではない。あるいは、自分では新しい挑戦がうまくいっていると思っていても、評価する人たちの目にはそれほど興味を引くものには映らないだけということだってある。

だから、これをいつまでも引きずっていたら、他者の評価にこの先もずっと振り回されることになる。次の年も賞をもらえるか、星の数をキープできるか、なんていう見方を自他共にしてしまうからね。星とか賞の有無で店を選ばないお客さんだって大勢いる。もっとお客さんが喜ぶ努力をすることと、もっと評価される店になることとは、必ずしもイコールではないと爺さんは思う。

野菜作りは、道楽だと思っている。ふつう、道楽っていうと自分しか楽しめないものだけど、爺さんのは誰かが喜んでくれる道楽だ。こんなに面白いことはないね。それを長々と、60年以上続けてきたことが評価されるとは思っていなかった。

自分のやっていることを認めてもらったんだから、また次のステップにいかないとね。若い頃のようには動けないし、気象条件も年々厳しくなっている。それでもこの年齢、この時代なりの「次」があるから挑戦する。いまさら自分の考えを変えることなんてできないから、これからも、あるがままに生きるんだ。道楽をやっている最中は、疲れなんて感じない。いつまでだって熱中できる。今年で80歳。まだまだ1年生だ。

第2部

匠たちと語る
ガストロノミーのいま

聞き手・成見智子
撮影・タカオカ邦彦

対談

浅野悦男×奥田政行

「アル・ケッチァーノ」オーナーシェフ

2023年10月13日、ヤマガタサンダンデロ（東京・銀座）

浅野さんは、心のお守りだった

――『ゴ・エ・ミヨ2023』のテロワール賞をそろって受賞されました。お2人はもう20年来の仲だそうですね。

奥田　初めて浅野さんに会ったのは2002年です。「アル・ケッチァーノ」をオープンして2年くらい経った頃でしたが、まだ彷徨《さまよ》っていたというか、何をしていいかわからない時代でしたね。店の料理は定番のイタリアン。田舎でやってたから、まずは定番の料理を出せば、「イタリア料理ってどんなものかな」と思うお客さんが来てくれると思ったんです。

浅野　最初はそれでいいんだよ。

奥田　極貧イタリアンでしたよ。開店資金が150万円しかなくて。テーブルと椅子は中古のものを使い、皿は100円ショップで買いました。食材もそんなに仕入れられ

山形産の食材をふんだんに使った料理をふるまった
奥田シェフ（左）

ないから、山に野草を採りに行ってました。ニリンソウとトリカブトを間違えて食べて気を失いそうになったりとか（笑）。ワインリストは「やまや」の商品リストでした。オーダーが入ってから買いに行ってましたね。あるものでなんとかやっていたんですけど、料理に華がなかった。どうしたものかと思って雑誌を見たりすると、エコファーム・アサノが載っているわけです。浅野さんの顔を見て、「この人には華があるんじゃないか」と思って会いにいきました。畑を案内してもらうと、浅野さんは野菜に自分で名前をつけているじゃないですか、「パリジェンヌ」とか「バレリーナ」とか（笑）。そうか、名前っていうのはみんな最初は誰かがつけたものなんだから、自分もそうすればいいんだと気づいた。知識にとらわれていたんだな、と。

浅野 イタリア料理なら、イタリア語の名前のついた、イタリアの野菜を使わなきゃいけないとみんな思っちゃうんだよな。

奥田 しかもぼくの場合、「奥田の料理なんて、あんなのイタリアンじゃない」と叩かれていた時期なんです。野草とか山菜とか使っていたから。ところが浅野さんは、「おまえなかなかいい発想しているな」という感じで、ちょっとだけぼくのことをえこひいきしてくれた。他のシェフより多めに時間を割いてくれたんです。当時は誰にも認められていなかったから、それでちょっとずつ自信がついてきました。自分のやろうとしていることは間違いじゃないんだという、心のお守りになったんです。「どこどこで修業したから、自分は正統派です」というのがまかり通っていた時代にあって、自然界の〝生きる知恵〟から料理を考えるという視点を与えてくれたのが浅野さんです。いろいろな色・形をした野菜があるだけでなく、花とか種とか根っことか、いままで食べられないと思っていた部分も料理に使えるんだとわかった。パセリの根っこを「食べてみろ」と言われたときは驚きましたけど、あれ、おいしいんですよ。朝鮮ニンジンみたいな味がする。調べたら、同じセリ科だとわかった。

浅野 ニンジンの親戚だからね。根を食べちゃだめってことはないの。

奥田 あの頃、畑を持たない東京の料理人たちがみんな浅野さんの畑に行って、収穫してきた野菜をその日の料理に使うという流れができていました。それまで、生産者は単なる材料の提供者だったけど、浅野さんはちゃんと自分自身に光を当てて、1990年代の終わりぐらいから2000年代のスローフードブームを支えた一人。料理人にいろんな武器を与えて、百花繚乱のイタリアンの時代を作ってくれた立役者だと思います。それを見てぼくは、山形なら畑はいくらでもあるんだから、同じことをすぐできると思ったんです。

浅野　「雑草を使うなんて」と批判していた人たちはたぶん、奥田くんが山菜やら野草やら使っていて悔しかったんじゃないか？　一歩外に出たら、いくらでも食材がある環境っていうのがうらやましかったんだよ。勝手に生えているんだから、自分で採りに行けばタダだもん。ほんとは使いたかったけど、プライドがあって使えなかったか、それを料理に使えると気づかなかったのか。だいたいみんな、野草のことを「雑草」って言ってばかにするからいけない。みんな野草なのに、人が選んで栽培したものを「野菜」って勝手に呼んで区別しているんだ。だけど、ピエール・ガニェールシェフだってレネ・レゼピシェフだって、そんな区別はしないし、未知の食材には自分から飛びつくだろう？　使ったことのないものを使いたがる。だから他の人が真似できない料理が作れるんだよね。

奥田　真似できない料理には、ちゃんと意味がありますよね。レゼピシェフの、例のエビとアリの料理も、自然の姿を現したものだと思いますよ。北欧の漁港にいると、実際、甘いエビにアリが集まってくるのを見かけるんです。他に甘いものがないから寄ってくる。そういう理があるわけです。わたしたちが形だけ真似したってだめだと思います。たとえば、真冬にミョウガとグレープフルーツを合わせたシェフがいました。「これの意味は？」って聞いても答えがない。だから薄っぺらい料理が多いんです。

浅野 そんなんじゃ、経営が立ち行かなくなるだろう。

奥田 ところが、「世の中こんなに円安なんだから、生き残れるように単価を上げよう、料理人の文化度を上げよう」とけしかける人たちもいるんです。この前ある料理人の会に呼ばれたときは、「一人3万円はとっていい」みたいな話も出ました。でも、よほどのセンスと天才的なひらめきがない限り、地方のレストランでそんなことしたら路頭に迷うでし

浅野悦男

ょうね。ぼくが「アル・ケッチァーノ」を始めた頃、イタリアンで８０００円はとっちゃいけないと思っていたから７０００円以内におさめていました。それ以上の値段に設定したら、お客さんはフレンチに行くでしょう。あれから24年。いまでも「アル・ケッチァーノ」鶴岡本店のディナーコースは1万５０００円で、毎日満席です。

苦しみの中から生まれてくるものがある

――２００４年から、シェフは山形県庄内市から「食の都庄内」親善大使に任命されています。旬の在来野菜など食材にこだわり、「生態系から考える料理」を創り出すようになったのは、浅野さんや、奥田さんが「師匠」と仰ぐ山澤清さんなど、農家の影響も大きかったようですね。

奥田　浅野さんと初めて会ったとき、山形は無登録農薬問題で揺れていました。ほんとに暗黒の闇だったんです。これはもう、山形を元気にするには、自分で企画・立案・行動できるジャンヌ・ダルクみたいな人がいない限り無理だと思った。そういう人が現れたら全力で応援しようと思っていたんですけど、ある日気づいたんですよ。自分がジャンヌ・ダルクになればいいんだって。「ぼくが庄内を食の都にします」と宣言したら、いろんなマスコミの人が来て、いよいよ自分でやらなきゃだめだな、ってなった。そのさなかに浅野さんに会ってるんです。ぼくはA型で、本当はあんまりしゃべらない人間なんですよ。でも浅野さんは立て板に水のごとくしゃべるし、「普通そんなこと言わないだろう、敵ができるから」と思うようなことでもストレートに言う。それを見て自分も、「敵ができてもいいんだ」と腹を決めたんです。

浅野 山形は封建的な土地だからね。新しいことを言ったって誰も聞く耳持たないし、敵だとみなすと足を引っ張ることもあるかもしれない。

奥田 でも、「ぼくのこと誰か見つけて！」と静かに待っていたって誰も見つけてくれない。嫌われてもいいんだ。このぐらいやらないとだめなんだとわかったんです。

浅野 そう、発想を変えればいいんだよ。

奥田 浅野さんは真髄が見える人だから、物事を簡単に言うんですよね。だからぼくも真髄を見ることを習いました。サザンオールスターズはなぜ流行ってるのか、なぜ戦隊ものは流行るのか、なぜドラえもんはあんなに人気があるか。ぼくは全部説明できます。見えない部分を見ることができる。色とか、いろんな要素があるんですよ。

浅野　世の中の流れをつかむためには、料理とファッションを見ることが大事なんだよ。みんな食べ物と流行りものは全然関係ないと思ってるんだけど、つながっている。

奥田　そうですね、つながっている。だから、ぼくもファッション誌の表紙モデルの表情はいつも気にしています。音楽もそうです。キャンディーズは、3人の声を聞き分けられるけど、SMAPの歌を聞いてもどれが誰の声か分からない。これはなぜかって考えていくうち、いろんなことが結びつく。色の原色は3色、カクテルのレシピもだいたい3種類の材料で構成される。3つだと、一つひとつの要素をはっきり認識できるでしょう？　ところが4つ目、5つ目になると、すべてがぼんやりする。だから、良い材料を集める場合は3つでまとめるといい。浅野さんは、何かを言うときは3つで端的に表現するんです。だから簡単に真髄をついてしまう。それがヒントですね。

浅野　それ以上いっぱい言ったって、頭に入らないからさ（笑）。

――農家の山澤清さんには、地元でずいぶん鍛えられたとか？

奥田　開店直後の「アル・ケッチァーノ」にもたまに来てくれました。ぼく自身がちょっと気にかかっているようなことがあったら、それは山澤さんには全部見えているんです。たとえば、一皿の中で1種類だけ、オーガニックではない野菜が混じっていたりすると、それだけよけてある。果物を使ったデザートを出したとき、その果物より甘いクリームを作ると、クリームだけ残す。フルーツの味がわからなくなるから、フルーツより甘いものは使うなと。とにかく、いろんな試練を与えられましたよ。「アザラシだけでフルコースを作れ」とか、「生ハム1本で10品のフルコースを作れ」とか、「フォアグラ、キャビア、トリュフ、アワビ、エビを一切使わずに、2万円の価値があるコースをおれのために作れ」とかね。アザラシだけでフルコースを作ろうと思ったら、煮る・焼く・揚げる・蒸すと全部調理法を変え、食材の組み合わせを変え、試行錯誤するわけです。贅沢な食材を一切使わないでコースを作ったときは、自分で車を運転して庄内中を走り回り、いろんなものを採ってきました。それで実際に作ってみると、これは本当に馳せ走る＝御馳走だなと自分で気づく。食べ手である山澤さんに想いを馳せて食材を集めるからです。そうやって、苦しみの中から生まれてくるものがある。いま自分が、そういうことをスタッフにも教えてるんです。

浅野　調理師学校で教わったことだけやってちゃだめなんだよな。

奥田　やっぱり生態系から考えないと。食材を見て、こいつはどういう戦略を取っているのかなと考え、そこから料理を創り出すようにしています。たとえばトマトとかイチゴとか、赤い実をつける野菜は、動物に見つかって食べられることで自分の遺伝子を未来に残す戦略を持っているんです。鳥に食べられて体内に入り、遠くに飛んでいった先でフンとして落としてもらい、そこで芽を出そうとする。だから動物に食べられたいと思っている植物は、なるべく生のまま料理します。大根などの根菜は動物に食べられる必要がないから灰汁《あく》がある。加熱して食べるほうがいいんです。あえて辛みを活かすなら、摩擦熱を加えてすりおろしみたいに、動物にかじられたのと似た状況を作ればいい。植物はそれぞれ戦

奥田政行シェフ

略は違います。ちなみに、タンポポは風を使うんです。種に羽がついているから、獣にくっついて移動し、毛が生え替わるときに一緒に地面に落ちていく。桃とかクルミは谷底にゴロゴロと落ちていって川に流され、中州や岸に着いたら自分の養分を溶かし、それを肥料にして芽を出します。

浅野　海も平地も山も川も、すべてつながっているんだよ。

奥田　そう。その地域でひとつの世界があるんです。「水が合う」という言葉がありますけど、あれ、本当ですね。ぼくは日本全国に行くから、そこでお風呂に入ると、自分に合う合わないがすぐわかる。身体のつくりがもっと単純な植物や魚だったらもっとわかるでしょうね。だから、川の魚を獲って料理するときは、その近くで採れた野菜を合わせるといい。海の魚だったら、それが獲れた海の水で茹でればおいしい。そこで採れた水とそこで採れた素材を合わせれば、フォン・ド・ヴォーも、ソースもいらないんです。川によって、含まれるアミノ酸がそれぞれ違いますから。ところが、昔はそんな考えは理解されなかった。そんなときに浅野さんと話したら、「お、わかってるじゃねえか、おまえ」みたいな反応で（笑）。そのとき、「ここに味方がいた！」と思ったんです。

浅野　テロワール賞を一緒に受賞したときの挨拶で、「日本の料理界にやっと理解された」みたいなことを奥田くんは言っていたね。

奥田　それは本当に実感していますよ。だから自分が信じてきたことを変えずにやっていきます。ぼくの店では素材と素材だけで味を作り、調味料は使わないようにしています。調味料っていうのは味を調整するものでしょう？　完璧な野菜をそろえて、組み合わせさえ間違えなければちゃんと味がするし、おいしい料理を作れるはずなんです。素材の組み合わせだけで食べさせるレストランが、世界に1店ぐらいあってもいいなと思っているんです。

地球とつながり、感謝する料理を作りたい

――奥田シェフは、全国各地でレストランをプロデュースしていますが、それは地元の生産者のためなのだとか？

奥田　これまで30軒くらいやりました。「アル・ケッチァーノ」「ヤマガタサンダンデロ」など直営の9店舗に加え、プロデュースした店のすべてで契約生産者のものを使っ

ています。後継者を育てるためなんです。野菜を全国に売って年収４００万円確保できるようにすれば、大卒の初任給より高いですから、みんな家の農業を継げるんです。後継者不足を解決するにはどうしたらいいか、政府はシンポジウムなんか開いて議論していますけど、的を射ていないような気がしますね。ぼくが考える方法はもっと簡単なことです。給料が取れて、ちょっとした特権で日々の小さな幸せや楽しみを味わえるようにすればいい。この方針で、「夢」と「誇り」と「安定」と「日々の小さな幸せ」を作ることをやってきたら、40軒ある生産者にすべて後継者がつきました。作る人が他にほとんどいなくなってしまったような作物を出荷する農家にもです。希少な地場野菜は、大学と提携してデータ分析し、研究を進めています。生産者が、自分の生産物を愛せるようにね。ぼくはその野菜を使ってフルコースを作り、生産者の方に御馳走したりもしていました。直営店では、生産者の食事代は無料です。店でいい魚を仕入れたら、おすそ分けもしています。そんな小さな特権ですが、うわべだけじゃなくて、もう1本深く入った関係を築けていると思います。「おれの葬式のときは、奥田が挨拶してくれよ」なんて、いまからいろんな生産者の方に頼まれているんですよ。

浅野　プロデュースのために全国を回っていると、シェフは店にいるべきだ、と言う人もいただろう？

奥田　そうじゃないと〝評価〟が落ちますからね。その考えから逃れるのは大変だった。いろいろ考えましたよ、ミシュランの星って必要だろうか、とかね。その結果、星を獲らない代わり、長靴をはいた人からスーツの人からカップルまで、毎日いろんなお客さんが来るレストランにすればいいじゃないかと気づいたんです。

浅野　星なんて、自分から獲ろうと思う必要はないよ。

奥田　これからのレストランは、生命力あふれる、食べ合わせのいいもので地球を表現し、地球に感謝する気持ちを芽生えさせる料理を出していったほうがいいと思います。だからぼくはそういう料理を作り続ける。今日浅野さんに食べていただいた料理にも、野草と野菜と在来作物が全部入っています。乾燥しているところに生えている草は力強いので、加熱しています。川の近くとか、湿度があるところで採れた草は甘みがあり、きめ細かく優しい味になるから、サラダに使っています。植物を使って料理を作るなら、自分が植物にならないとわからないと思い、ぼくは地面に穴を掘って土の中で何時間も過ごしたことがあるんです。40分ぐらいすると、水脈の音が聞こえてくる。「植物同士は交信している」と本に書いてあるのを読んだことがありますけど、たしかに、音を感じてくるんですよー。自分が他の植物とつながってるなという感覚が湧いてきました。

浅野 だから、料理人はせめて野菜が畑で育っているところを見たほうがいいんだ。

奥田 うちの店は当然、スタッフが自分で畑に収穫に行きます。野菜が生きている風景を見られると、どんな料理をすればいいか、いろんな発想が浮かぶ。ところが、他の誰かが採って運ばれてきた箱入りの野菜を厨房の中で見ると、決まった料理になってしまう。そういうことを浅野さんは教えてくれました。うちのスタッフは海にも潜りますし、水族館にも、漁港にも、魚市場にも行きます。そうやって集まったものからメニューを考えていきます。

浅野 あらかじめメニューを作っちゃうからみんな苦しくなる。そのとき入ったもので考えればいいんだよね。

奥田 人間は唯一、地球とつながっていない生物だと思うんです。トイレは水洗、死んだら火葬で、土に還らない。野菜の種は一代限りのF1種も多いし、食べている肉は畜産品。唯一命を継ぐ食べ物は魚だけです。現代人は地球の信号を受け取りづらくなっている。地球から切り離され、感謝することを忘れた人はいっぱいいると思います。お金でしか物事を考えられない人もいる。だから、まだまだ浅野さんに活躍してほしい場があるんです。年取っている場合じゃないですよ（笑）。

［プロフィール］

奥田政行（おくだ・まさゆき）

山形県鶴岡市生まれ。高校卒業後、上京してイタリア料理とフランス料理を学び、帰郷後、農家レストランやホテルで料理長を歴任。２０００年、在来野菜など旬の地元産にこだわった「アル・ケッチァーノ（Al ché-cciano）」を鶴岡市に開業。現在、同店を含め９店舗の直営店を営み、国内各地で飲食店のプロデュースも手掛ける。イタリアの「テッラ・マードレ２０１０」のファイナルディナー、スイスのダボス会議の「Japan Night 2012」総料理監修を担当するなど海外でも活躍。２０２３年、「ゴ・エ・ミヨ２０２３」テロワール賞、第14回農林水産省「料理マスターズ」ゴールド賞受賞。

［店舗データ］

■アル・ケッチァーノ 鶴岡本店

山形県鶴岡市遠賀原字稲荷43

０２３５-２６-０６０９

ランチ：11時30分〜15時00分（13時30分Ｌ.Ｏ.）／ディナー18時00分〜22時00分（20時30分Ｌ.Ｏ.）

月曜日定休（祝日の場合、翌火曜日）
https://alchecciano.com/tsuruoka/

■ヤマガタサンダンデロ
東京都中央区銀座1-5-10
ギンザファーストファイブビル 山形県アンテナショップ
「おいしい山形プラザ」2階
03-5250-1755
ランチ11時30分〜15時00分（14時00分L.O.）／ディナー18時00分〜22時00分（20時30分L.O.）
月曜日定休／年末年始・夏季休業
https://sandandelo.theshop.jp/

鼎談

浅野悦男×生江史伸「レフェルヴェソンス」エグゼクティブシェフ×樋口敬洋サローネグループ統括料理長

2023年7月6日、シェフズガーデン エコファーム・アサノ（千葉県八街市）

好きなことは、いくらやったって疲れない

――今日も暑いですね……。

生江　真夏になると、浅野さんのところのハウスは大丈夫かなっていつも心配になるんですよ。

浅野　大丈夫。真夏は日よけを二重にしたりして対策しているから。

生江　いやいや、生産物の話をしてるんじゃなくて、浅野さんの身の安全のことを言ってるんです（笑）。台風の中ハウスを見に行って、ぶっ飛んできた資材で頭打ったり

していないか、とか。

浅野　雷がピカって光ったときは、もう絶対外にいないよ。自然に逆らったってどうにもならないんだもん。自分なりに状況を判断して、じゃあどうしようかと考えるだけ。暑けりゃ仕事を休む。ケヤキの木の下でよく昼寝してるよ。それで電話に出られなくて、心配して神奈川からわざわざ車飛ばして来てくれた人もいる。でもこっちからすれば、アポなしでいきなり来たから「何の用事で来たの？」と言っちゃったよ（笑）。いずれにしても、気候変動の問題は大きいね。畑もそうだし、レストランの現場への影響も少なからずあるんじゃないかな。

生江　「レフェルヴェソンス」はスペシャリテを作らず、毎年新しい料理を更新していくタイプのレストランなので、それまであったものが気候変動の影響でなくなったとしても、ないものはし

浅野悦男

ょうがないというスタンスで13年やっています。コースの中に「定点」というメニューがあって、カブの料理なんですが、それは複数の産地から材料を仕入れることで対応できています。でも確かに、これというレシピを決めてやっている店は、ひとつでもパーツがなくなったら大変でしょうね。

樋口　サローネグループも、月替わりのコースでやっているから基本的にそんなに影響はないですね。ただ、シチリア料理では欠かせないフィノキエットについては、ちょっと話は違ってきます。5月と6月が収穫期なので、シチリア島ではそれを茹でて、缶詰で売っていたりします。その缶詰も、シチリア島でしか売っていません。だから浅野さんが作るようになってからは、年に一度「フィノキエット収穫祭」を開催し、その魅力を感じてもらっています。みんなで刈って、ここで洗って茹でて、ジッパー付きの保存袋に入れてストックして、冷凍したものを1年かけて使います。2012年から毎年やらせていただいていますが、参加希望者がだんだん増えていて、多いときはもう60人ぐらいになりますね。その日はみんな、一日中フィノキエットの香りにまみれて、家に帰っても、洋服にフィノキエットの香りが移っている。そんな経験をしながら、スタッフもフィノキエットという野菜を知るんです。収穫祭をやることによって、それまで浅野さんに対して敷居の高さみたいなのを感じていた若い料理人の方々も、ここで浅野さんがいろんな野菜を紹介してくれるから嬉しいみたいです。

——若い人たちにとっては、浅野さんって結構怖いんでしょうか。

樋口 怖いってわけじゃないんでしょうけどね……。

浅野 まあ年が上だから、勝手にそう思い込んでるだけじゃないか？

生江 少なくとも女子たちは、みんな浅野さんのこと大好きです。

樋口 あー、そうですね！ 若い男子は怖いと思ってる人もいるかもしれないけど、女子はもう、浅野さんのことめっちゃ好きですよ。

浅野 みんな孫娘だよ。

生江 浅野さんはね、他の農家さんとは比べ物にならないぐらい優しいんですよ。でもそれを表に出さない。シャイなのかもしれないし。自分もそうですが、たぶん見えないところでいろんな苦労をしていると思うんですよね。浅野さんは、自分の痛みをとおして人の痛みがわかる人だから、本当の意味で優しくできるんだと思います。

野菜そのものにも、浅野さんの姿勢が出ている気がしていて。食べるとね、いつも優しいんですよ。ゴツゴツした感じのおじさんだから、味もガーンとインパクトが強くて、吹っ飛ぶような威力がある野菜をイメージする人もいるかもしれないですけど（笑）。実際は、食べていて温かい気持ちになる。それは畑に来るとよくわかりますね。すごくきれいにしていて、そういうところにも性格が出ていると思います。浅野さんはいつも探求心旺盛だから、見習わないと。

浅野 逆だよ。こっちがみんなからものすごい影響受けてるよ。おれは道楽だもん。道楽やってるときは熱中しているから疲れない。シェフだって同じと思うよ。おれらから見たらさ、生江さんはすごく忙しそうだなとは思うけど、自分の好きなことを熱中してやっていたら疲れないでしょう？

生江 そうですね。勝手に体が動くし、頭も動くし。

浅野 やれって言われてるのとは違うからね。

樋口 いまいちばん大切なことをおっしゃった気がします。そこだと思うんですよ。本当に好きなことに出会いたい。それはひとつのことじゃないかもしれないし、そういうのをかき集めて年を重ねていきたいし、夢中になりたいです。

まだまだ、わからないことだらけだ

——常に新たなものを創造し、新しい価値を生み出すことを求められる料理人は、やはり外からの刺激が少ないと、インスピレーションが鈍ってしまうような感じはあるんですか。

生江　かもしれないですね。ぼく自身はあまりインスピレーションがなくなったことがないんですけど。同業の仲間なんかと話してると、「なかなか料理のアイデアが浮かばない」「スランプに陥った」「降りてこない」とか聞くことはあります。

浅野　農家の場合もね、何をしたらいいかわからないからって一生懸命情報検索したりする人がいるけど、無駄だよ。誰も知らない情報なんて、出てこないんだから。巷《ちまた》では「消費者のニーズをつかめ」なんて言われるけど、ニーズは自分で作るしかない。世の中の人がこれから何を求めるかっていうのは、こっち側が突き止めなきゃいけないと思うよ。

生江　だから、パリコレクションとかミラノコレクション見るわけですね（笑）。

浅野　だって、世の中の消費活動ってのは、ほとんど女性主導でしょ。昔は男が「俺について こい」って感じだったけど、いまは「どこ行きたい？　何食べたい？」って聞いて、女の子が店を選ぶ。女性優先で考え、女性の心理を研究しないとね。若いシェフにはね、「女性がフェロモンを感じるような料理を作ればいい」と言っているよ。ただおいしい料理っていうだけじゃ、いまはもう通用しないから。

樋口　インスピレーションということで言うなら、ぼくはそもそも料理人というものをめざしてなったという感覚じゃないんですよね。「食べたことがないものを食べたい」という気持ちがもともと強くあって、それを叶えるのに一番近い仕事が料理人だった、という感じです。いまもその延長線上にいる気がしますね。食べたことがないものを求めてイタリアに行き、未知の食べ物に出会う。そして「こんなのがあったんですよ」とお客様に食べてもらい、追体験していただく。いつも、「こんなのがあったんですよ」と言い続けているわけです。だから浅野さんにも、「こんなのがあったんですよ」とフィノキエットやフィーコディンディアを紹介させていただきました。そしたら一緒に作ってくれたんです。だからぼくも、「ニーズをつかむ」ということは考えていないですね。ただ未知のものに触れながら作っていくという感じです。

浅野 考えないほうがいいんだよね。考えちゃうと、さっき生江さんが言ったように、行き詰まる人が出ちゃうの。

樋口 そうですね。個人的には、考えすぎて好奇心がなくなるほうが怖いですね。ドキドキしたり、「あれなんだろう」「これなんだろう」って思う気持ちがなくならないようにしたいです。

浅野 だから、1＋1を2だと思い込んじゃってる人はだめだよ。料理では、1＋1は5にも10にもできるでしょ。「ノーマ東京」に行ったとき、10人いる席でレネ・レゼピシェフが「この料理を食べて、みなさん何を感じますか」と言ったときにも思った。同じものを食べても、「おいしい」だけじゃなくて、10人いたら10人全

樋口敬洋シェフ

員違う感じ方があるだろうなと。

――おいしいだけではだめだとしたら、シェフとして、どんなプラスアルファが必要だと思いますか？

生江 プラスアルファについてはずっと考えていますが、これという答えはないことだけはわかっている感じですかね。わからないことだらけです。こうかな、ああかな、と折々に考え、その試行錯誤を形にしています。やりたいこととか、やらなきゃいけないことのアイデアが止まらないんですよ。なぜかというと、わからないから。もうちょっとこうしたいとか、もうちょっとこうするべきだみたいなアイデアが、いっぱい目の前にあるんです。でも、これを出したらもう完璧だ、終わりだっていうものが、自分の中ではまだ見つかっていない。もしかしたらずっと一生見つからないのかもしれないですけど。

浅野 そうだと思うよ。

生江 わからないことからスタートして、まだわからない。いい質問をいただいたなと思い、どうやって答えようか考えていたんですけども、いまはそんな感じです。だからこそ、浅野さんと同じかもしれないですけど、いろんなことに興味が湧いてしまうんでしょうね。

浅野 わからないから、知ろうとする。でも、わからないんだと気がつく。逆に、わかっちゃった人は、もうその枠から出られない。その範囲以外はわからないんだから。

生江 わかったと思ってる人たちは、相当楽なほうだと思うんですよ。ぼくらみたいなタイプは、わからないので、始終いろんなことをやり続ける。やっていかないと気が済まない。でも自分の場合は、それで見える世界がより広くなっていくから楽しい。わかったと思っている人たちよりも人生を楽しんでいるなっていう自負はあるんです。ただ、わからないことで、いろいろなエネルギーとか時間を使わなきゃいけない。だからたぶん、周りから見るとぼくはいつも忙しくしているように見えるかもしれない。その原点は、浅野さんがずいぶん前にテレビ番組でも言ってましたけど、「本当に自分は、まだまだわからないことがいっぱいある」という言葉です。その通りだなと思います。わかったつもりにならないように自分を戒めているっていうのはあるかもしれませんね。

——生産者を積極的に訪ねることで、「わからない」も続いていくのでしょうか。

生江　それもありますね。生産者を訪ねると「ああ、なるほど」っていうことはあるんです。でも、その「なるほど」の瞬間に、次にまたわからないことがいろいろ出てくる。その繰り返しなのかもしれないです。

浅野　わかったと思ったら、もう行かないでしょ。考える必要がないんだから。でも、わかっちゃったものに、あんまり価値はないね。形がないとか、見えないとか、わからないっていうものにいちばん価値があるんだよね。

生江　そう思います。

浅野　でもね、前に岡山の吉田牧場さんにみんなで集まったとき、結構有名なシェフとそんな話になったんだけど、「え？　見えないものを見るって、何それ」って首をかしげていたよ（笑）。

おいしいものに興味がない生産者は……

——吉田牧場といえば、自家で飼育するブラウンスイス牛の乳で作ったチーズがたいへんな人気ですね。オーナーの吉田全作さんはチーズ作りを始めた理由を、「自分は食いしん坊だから、牛を飼ってチーズが食べたかった」と語っています。

生江　食いしん坊というのは大事なことだと思います。ぼくは生産者の方のところに伺うと、「この辺で、なんかおいしいもの食べられませんか」ってよく聞くんですよ。そのときのセンスで、結構その人の生産物のクオリティーはわかります。浅野さんの場合は、「おいしいものだったら自分で作っちゃうから」って言う（笑）。ここでいろんなものを作ってみんなに振る舞ったり、あるいはみんなで作って食べたりするっていうのは、究極の形だと思うんです。「あそこのラーメン屋が美味い」とか「あそこのウナギが一番だ」とか、いろんなことを教えてくれる人がいる。一方で、「いや、ここにはシェフに食べさせるものなんかないですよ」と

生江史伸シェフ

かって言う人もいる。そういう人とは正直、あんまり合わないですね。舌が合わないことが多いと思った。興味ないんでしょうね、おいしいものに対して。おいしいものに興味ない人が、おいしいものを作れるわけないと思います。自分が作っているものにもあんまり興味がない人もいる。生活のためにやってる感じの。そういう人たちには、残念ながらぼくはあまり魅力を感じませんね。

浅野　ただ生産物を製造している、って感覚なんだろうね。農産物というのは、すべての料理を作る原料であるわけだけど、農家自身がただの原料のつもりで売るんだったら、高く買ってもらえるはずがないの。そこに別の価値がないとね。だからおれも、地元の園芸組合の農家が世代交代すると、若い世代に「農産物を作っちゃだめだよ」って言うの。「商品を作れ」と。きょとんとした顔をする人は、売るっていうことにまったく興味がないんだね。作るだけ。だから、とにかく大きく育てるために、使わなくてもいい肥料や薬を使う羽目になる。

樋口　生江さんの話を聞いていて思い出したんですが、毎月来てくださるお客様に、「店を選ぶ基準ってなんですか」って聞いたことがあるんですよ。その人は、「シェフの向上心」とお答えになりました。シェフ自身が料理に飽きてはいないか、ということです。「この店ではこんな料理を食べた、こんなことがあった、こんな食材があった、という熱気を感じたくて料理を食べに来てるから」と。結構すごいことを言われた気がしました。その意味では、ぼくは浅野さんのところに来ても同じことを思うんです。たとえば、ぼくはフィノキエットが好きなので、毎回見るわけです。新芽が出たばかりのものも、枯れかけたものも食べたいと思うんです。今日も畑の様子を見て、これまで7月はあんまり来ていなかったんだなと感じました。今年も5月に収穫祭をやりましたけど、そのあと花芽が出て、蕾《つぼみ》がついた状態になったフィノキエットを今日食べてみて、「ああ、これが7月の味なんだ」と思いました。ここへ来るたび、フィノキエットの新しい魅力を発見できるんです。何回来ても飽きませんね。

浅野　だから、1＋1は2じゃないんだ。おれらは作る現場にいるから、いまがいちばんいいよというときのものを出荷するのはもちろんだけど、「いまこの段階のものはどうですか」という問いかけでサンプルを送ることもある。一般的に認知されている状態の野菜だけを使っていたら、そのシェフは自分の枠を超えられない。料理も決まりきったものになっちゃうと思うから。

樋口　今日食べたフィノキエットは、いままででいちばんおいしかった気がします。いや、ナンバーワンじゃなくてオンリーワンって感じです。ぼくはそういうのが好きなので。フィノキエットはイタリアにいたときからずっと食べてきたのに、こんなに美味いんだ！　と今日思いました。それをお客様にアウトプットできるかどうかはまた別ですけど、こういう発見や気づきをどんどん蓄積したいですね。いやあ、今日も来られてよかったです。

浅野　今日のは、蕾がまだ開いていない状態だね。植物は、光を浴びる前と後では全然味が違うんだよ。農産物は太陽の下で育ったのがいいと一般的には思われているけど、あえて日よけをして軟化させるものもあるくらいだから。よく知られているのはホワイトアスパラガスだね。フレンチで使うダンデライオン（タンポポの一種）もそう。日本にもウドやミツバがある。軟白栽培は結構古い時代からやっていたし、世界中どこにでもある。昔、スイスのシンジェンタ社（農薬や種子を主力商品とするアグリビジネスを展開する多国籍企業）が、「これを栽培してみてください」と、パープルのアスパラの種を持ってきたことがある。色が違うだけかと思ったけど、作ってみるとやっぱりグリーンとは味が違う。それを軟白栽培でも作ってみたんだよ。そしたら、ロゼに仕上がった。

生江 色っぽいですね。

浅野 そうそう。赤ではなく、ロゼのアスパラ。だからお店で出すときは女性客にだけ。男の皿には載せないように(笑)。

――浅野さんの野菜のことを、「味が濃い」と表現する人も多いようですが……。

生江 人それぞれ感じ方がありますからわかりませんが、「濃い」って言われるのは、見た目の印象もあると思うんです。すごく色つやがいいし、形もしっかりしてるし、持った感じもガシッとしているので。でも、やっぱり食べると優しい。濃いというなら、肥料をバンバン入れて作るような野菜のほうが、全然味は濃いわけです。でも、そういうのに全然ぼくは魅力を感じないし、おいしいとも思わないんですよね。浅野さんの性格を含めて、ぼくは浅野さんの野菜に惹かれるんです。「人間味」という言葉がありますが、「野菜味」みたいなものが反映されている。人の勝手なエゴがあんまり入っていなくて、優しい父親に育てられた可愛い娘たち、っていうようなイメージがありますね。

浅野　「味が濃い」と言われても、こっちは何もプラスしてないから。種蒔きや定植前に、いらない肥料まで一気に入れてしまう農家がいるけど、おれは本当に必要なものしか入れない。だって、濃いものを薄くはできないでしょ。料理に調味料入れすぎたら、取れます？

生江　取れないですよね。戻らないです。

飲食業は、本当に社会に必要とされているのか

――日本では食の工業化が進み、一般家庭の食卓と畑がどんどん離れていっている感覚がありますね。一方で、飲食業界ではいま、生産者と一生懸命つながろうとしている料理人も多いように見受けられます。

樋口　サローネグループはいま6店舗で、それぞれに料理長がいて、仕入れもメニューも自分たちで決めています。ＳＮＳで情報交換もしていますが、つながり方も多様性がありますよ。若いシェフだと、意思疎通がスムーズな同世代で、長い付き合いができそうな人を選ぶこともあります。「自分の作った野菜がこんな料理になっちゃ

うんだ」と、生産者のテンションが上がるようなものを作ったりしてコミュニケーションを取ったりもする。かと思えば、すごく昔から有名な生産者のところに突っ込んでいって、「おれ、先輩方より全然やる気ですから」みたいな空気を出す人もいたり、「自分のペースでやりたいから、あんまり口を出さないでくれ」という感じの人もいる。それがもうすごい面白くて。だから、ぼくもあまり意見は言いません。自分の好きなところに、好きなように行けばいいと思っています。ぼく自身は浅野さんのところもそうですし、「ニイクラファーム」（西東京市）というハーブ園も好きです。ハーブは時期によって全部違うので、香りを感じ、変化を楽しむために行っています。各自が趣味的な要素を追求していって、結果としてそれが料理に反映されることがあればベストだなと思います。

浅野 いまは個々のシェフでみんな違う

樋口敬洋シェフ

ね。以前はそうじゃなかった。みんな同じようなことしていたよ。

樋口　まさにそうですよね。考えること、インプットしていることがみんな違うから、ぼくが口を出す必要がないんです。「統括料理長」という肩書ではありますけど、それぞれのシェフがやろうとすることの環境を整えているだけです。コロナ前とは〝統括〟の意味合いが変わってきている気がします。

――コロナ禍をきっかけに、現場が変わっていったのですね。

樋口　緊急事態宣言が出たあと、代表の平（ジュン・アンド・タン代表取締役 平高行氏）が「各店舗で自由に対策に取り組んでよい」という方針を示しました。料理のテイクアウトを始める店もあったし、TouTube チャンネルを開設するシェフもいました。サローネグループとしてECサイトも作りました。一人ひとりのやりたいことを大切にすると、経営的には難しい部分もありますが、やりがいはこっちのほうが全然ある。刺激もあるし楽しいです。代表は大変だと思いますけどね……。

生江　うちは、2020年に最初に緊急事態宣言が出たときは店を閉めたんです。ぼくが社長（CITABRIA 代表取締役 石田聡氏）に提案する形で、3カ月近く休業しました。

でも2回目以降は「もう一切変えないでいい」という社長の一存で通常営業に戻りました。マスク着用とか、お客様の安心を担保する形を取りながら、お酒も普通に出していましたから喜ばれましたよ。誰からも批判されなかったし、感染者も一人も出ませんでした、最後まで。

浅野 レストランに来て、飛沫が飛ぶほど大声で騒ぐ人なんていないよ。だけど、とにかく「飲食関係」というだけで感染源みたいに言われて、一時は全面的に営業自粛を求めるムードがあったね。

生江 そういう風に見られがちな立場だということですよね。うちの社長は、それをすごく嫌っていました。だから、「社会の底辺のように扱われ続けたら、飲食業はいつまでたっても社会的認知が上がらない。だから誇りを持って仕事しよう」という考えで通常営業に戻したんです。このあたりのことは、いずれちゃんと検証したいですね。逆説的に言うと、底辺のように見られるというのは、こちらの業界にもその原因を作る種があるのではないか。ぼくはそっちのほうが気になったし、原因を作ってきた飲食業界の歴史を塗り替えていかなきゃいけないと思いました。東日本大震災のときにも感じたんですが、何か緊急の事態が起きると、ぽいっと捨てられる、真っ先に切られるっていうのは、世の中から本当の意味で必要とされてない業界だと思われてるんだなって。いつでも当たり前に必要とされる存在になるためには何が必要なのか、いつも頭の中で考えているし、行動もしています。コロナの間、ぼくは東大の大学院に通っていたんですが、そのときもこれをひとつのテーマにしていました。修士論文にも書いています。飲食店は世の中に必要とされているんだと、何の根拠もなしに言うのは誰にでもできますけど、やはり科学的に、学術的に検証する必要があると思ったんです。

――飲食店は、素晴らしい空間とおいしい料理だけでなく、これまで自分が知らなかったことや、見落としていた価値への気づきを与えてくれることもあります。その発信力を、どのように考えていますか。

生江　テクノロジーの発展もあって、世界は〝最適化〟に向かっていると思います。要するに、できるだけ人から好まれるもの、要求されるもの、必要なものを集めてコンパクトに押しつぶしたような社会を作ろうとしている、という印象です。でもたぶん浅野さんも、ぼくらや樋口さんたちのレストランもそうだけれども、もう最適化からまったく外れてしまったエクストリームな農家、レストランですよね。でも仮にそういう存在がなくなったらみんな均一化して、大げさに言えば、人は名前ではなくロットナンバーで呼ばれるみたいな時代に向かう気がします。それって人間として幸せなのか？　と思うんですよね。

浅野　農産物もそうだね。そのとき売れるものばかりを追いかける流れが、さらに強まる。

生江　そうですね。いろんなＰＯＳデータを使って、過去１カ月・１年に売れたものの種類や量を計算して最適化していくということは、売れないものはどんどん弾かれる。

浅野　売れなくなったものを作っていても商売にならないから、みんな同じものを作り始めるよね。

生江　そうしたら、世の中おかしくなりますね。一方で、浅野さんみたいに奇妙奇天烈なものをいろいろ作ってくれる人がいると、こういうのもあるんだ、ああいうのもあるんだとなって、データが真ん中に集約されていこうとするのを一生懸命ストレッチしてくれていると思うんです。ぼくらも、世の中の人の多様性とか、自然や生物の多様性も含めて、ストレッチをしているという自負はあります。小さな一引きですけど、おいしいとか楽しいとかっていう経験を通じてぼくらに賛同してくれる人がいれば、1方向・1種類にまとまっていくような社会じゃなくて、一人ひとりの違いに対応した社会になるのではないか。人間の頭が本当に賢いのであれば、自然との共生においても、人間の都合ではなく、自然にあわせて最適化させていく方向に動くのではないか。そんなことを思いながらレストランをやっています。目立っていたり、人と違うことをやっているから好んでもらえるという面もなきにしもあらずですけど。でも、「変わっている」ことは決して悪いことではないし、「変な主張」にちゃんと耳を傾けて理解しようとする思考能力を持つほうが、より人間らしいんじゃないかなと思います。

ジャンルを越え、多様な食材を使うようになった料理人たち

――生江シェフも樋口シェフも、調理師専門学校ではなく飲食店の現場からこの業界に入っていますね。そこに何か自由度の高さのようなものを感じます。

生江　かもしれないですね。大学を出て就職したのが、「アクアパッツァ」オーナーの日高良実シェフが当時経営していた「マンジャペッシェ」でした。すごくお世話にな

ったし感謝もしています。日高シェフは、当時の築地や大田市場にはないような野菜とか、「こんな魚をよく集めてきたな」っていうような魚を使っていたんですよ。そういう意味ではすごくパイオニアでしたね。

浅野　「マンジャペッシェ」は、おれがルッコラを作り始めたときに、サンプルを持って営業に行った店のひとつなんだ。そのときたまたま、日高さんが裏口から帰るところでね、「なんですか?」って言うから「こういうもの作ったんだけど」と箱を開けて見せた。そうしたら一目見て、「置いていってください」と言われたよ。

生江　そうだったんですね。ぼくはオープニングスタッフとしてホールを担当していたんですよ。「吉田牧場のモッツァレラチーズとルッコラのサラダ」とかって、毎日メニューを書いてました。

浅野　当時は会ってないけど、つなが

生江史伸シェフ

っていたんだね。

生江　日高シェフは、人があまり使わないようなエクストリームな素材とか、未知の食材に注目して使っていましたから、ぼくは自然と「そういうもんなんだ」と思っていました。でもそれはもしかしたら、他の人が経験できないことを経験させてもらったのかもしれないと思います。だからアクアパッツァ卒業組って、変な奴が多いですよね（笑）。その血を引いているのかわからないですけど、ぼくらのレストランを出た人間も、ベトナム料理とか、インド料理とか、虫料理とか、いろんな挑戦をしています。

樋口　うちの代表の平も、アクアパッツァの出身ですから（笑）。ちなみに日高シェフの息子さんはいま、横浜の本店（SALONE2007）の支配人なんです。

生江　世の中の異端を作る「アクアパッツァ工場」ですね。

樋口　その流れを、サローネグループが継いでいけたら嬉しいですね。やりたいことや、夢中になれるものに出会える人を一人でも多く輩出できるプラットフォームとして機能できたら幸せです。社外に出ていって、夢中で挑戦している人をずっと見ていたいですし、陰ながら応援していきたいです。もちろん、また戻ってきて自分が得たものをアウトプットする場として使ってもらってもいい。そういうところはすごく意識してます。やりたいことを見つけることさえ大変な世の中ですから、とにかく夢中になれるものを、夢中になってやりきれたら幸せだと思います。

——日高シェフのように、近年は多様な食材を積極的に取り入れようとする料理人が増えている印象があります。ジャンルにとらわれない食材使いは、意識してのことなのでしょうか。

生江　意識しているかもしれないですね。もちろん、おいしくなければ人を不幸せにするので、根も葉もない合わせ方はしないと思いますが。シェフが多様なものを使おうとしているのは、日常生活の食があまりにも単一化しているからです。お客さんもそれをわかっているから、せっかく時間とお金を使って外食するなら何か特別なものを食べたいと、みんな思って来ているはずなんです。いつもの、単一になって退屈してしまった食事とは違うものを食べたいと思っている。もちろん、レストランの人間たちもみんなそれを感じていると思うので、多様になるんでしょうね。

浅野　多くの人が外食に求めるのは、非日常だからね。その特別感をともなってジャンルの壁を越えてくるものが、時代を経てどう浸透していくのか、拡散していくのか。

生江 それは、歴史を見てみないとわからないですよね。たとえば、カツレツの起源はフランス料理の「コートレット」で、仔牛のロース肉を揚げたものです。でも、日本に入ってきた当時は牛肉が高くて入手できなかったから、銀座の「煉瓦亭」は豚肉を使い、よく火が通るように薄く広げてフライにしたものを「カツレツ」としてメニュー化しました。やがてそれがご飯と一緒になって「カツ丼」が生まれるわけです。でも、いまはそんなことはどうでもいいじゃないですか。カツ丼を食べているときに、フランスのノスタルジーのことなんて意識しないですよね。もともとは超高級料理店で作られた料理でも、時代を経て、いろんなプロセスを経て家庭に浸透してきたんです。だから、時を経ないとわからない部分もあると思います。現代の日本人の食事は西洋化されすぎていると言われていますけど、それをぼくら料理人が揺り戻したりすることも可能だと思います。

浅野 フランス料理を作るからって、昔みたいに全部の素材をフランスから輸入しなきゃいけないわけじゃなくなっているからね。

生江　ぼくみたいに、フランス料理を通じて日本を知るっていう料理も可能なわけですよね。食べ物とどう向き合っていくか、どうやって食材というものに興味を持っていくかは、常に種蒔きをしていかないといけないなとは思います。だから、浅野さんのように、いろんな植物を育てて、それを生物学的なスコープを通じて観察をしてくれている人たちは、ぼくらにとっては尊い存在です。いろんな経験をフィールドから感じて、それをぼくらに野菜という形や言葉で伝えてきてくれる。今度はぼくらが、消費者の人たち、お客さんに伝えていかなければなりませんね。それが、次の未来の食を作っていくということになると思っています。

［プロフィール］
生江史伸（なまえ・しのぶ）
神奈川県出身。慶應義塾大学卒業後、料理の道に入る。「ミシェル・ブラス トーヤ ジャポン」（北海道・洞爺）で修業し、「ザ・ファットダック」（イギリス）ではスーシェフを務めた。２０１０年に開業した「レフェルヴェソンス」は、日本各地、四季折々の恵みを提供するフレンチレストラン。料理人の枠を越え、学術的な視点から農と食の持続的な関係性を見つめ直し、さらなる可能性を切り拓くべく日夜研究を重ねている。23年、東京大学大学院農学修士課程修了。「ミシュランガイド東京」において3つ星とグリーンスターを3年連続で獲得。食を通して地球の未来をより良いものとするため、さまざまなプロジェクトに尽力している。

［店舗データ］

■ **L'Effervescence**

東京都港区西麻布2-26-4

03-5766-9500

ランチ11時30分〜15時30分／ディナー17時30分〜23時30分

日曜日、月曜日定休

https://www.leffervescence.jp/

［プロフィール］

樋口敬洋（ひぐち・たかひろ）

東京生まれ。高校卒業後、料理の道に進む。2002年にイタリアに渡り、「バイバイブルース」（パレルモ）、「アル・フォゲール」（ピアッツァ・アルメリーナ）などシチリア島で3年間修業。「リストランテ　シチリアーノ」（東京・銀座）、「SALONE 2007」（横浜）、「イル テアトリーノ ダ サローネ」（東京・南青山）などでシェフを歴任。13年、浅草開化楼のカリスマ製麺師・不死鳥カラス氏と低加水のパスタフレスカを共同開発したことが話題に。22年、シチリア島のパレルモよりパトリツィアシェフを迎え、東京・丸の内に「byebyeblues TOKYO」をオープン。現在サローネグループ6店舗の統括料理長を務める。

［グループ店舗データ］

■SALONE 2007
神奈川県横浜市中区山下町36－1
　バーニーズニューヨーク横浜店Ｂ１
https://www.salone2007.com/

■IL TEATRINO DA SALONE
東京都港区南青山7－11－5
　HOUSE7115 Ｂ１
https://www.ilteatrino.jp/

■QUINTOCANTO
大阪府大阪市北区中之島３－６－32
　ダイビル本館１Ｆ
https://www.quinto-canto.com/

■biodinamico
東京都渋谷区神南１－19－14
　クリスタルポイントビル３Ｆ
http://www.bio-dinamico.com/

■SALONE TOKYO
東京都千代田区有楽町１－１－２
　東京ミッドタウン日比谷 ３Ｆ ３１６
http://salone.tokyo/

■byebyeblues TOKYO
東京都千代田区丸の内２－７－３
　東京ビルディング１階１０４
https://www.byebyeblues.tokyo/

おわりに

料理人は地域の語り手

旅や地方出張に出かけることが、以前に増して楽しくなった。なぜなら、地場産の農畜産物や海産物、酒、調味料などにこだわったレストランが日本全国にたくさんできているからだ。食材だけでなく、器類、カトラリー、クロス、家具、花、メニューの紙に至るまで地場産業のものにこだわっていたり、地元作家のアート作品をインテリアのアクセントにしたりしている店も多い。

食事が終わる頃には、この地域はこんなところなんだな、こんな人がいるんだなと、おぼろげにわかった気になってしまう。食べ物は、どんな観光スポットよりもその土地を物語ってくれるものだ。だから料理人は、一人ひとりが地域の語り手であり、テロワールの表現者なのである。

一昔前の日本で、その役割を担っていたのは主に旅館だった。たとえば、山深い過疎地域の古い旅館などでは、都会では決して味わうことのできない香り高い山菜や、市場出荷されることのない希少な地場野菜が出てきたりする。この時期、ここにしかないものと出会った幸運をかみしめる瞬間だ。ただ、残念だなと思うこともある。

「田舎料理で、お口に合うかわかりませんが……」

ときどきそんな言葉を添える女将さんや仲居さんがいるのだ。

最近のレストランやオーベルジュは、その真逆だ。地場の食材を使った一皿を出すときのシェフやスタッフの表情は、誇らしげにも見える。

「この先の○○村で採れるものが一級品です。1年のうち2週間だけ、農家さんが手摘みするんです」

「標高700メートルの△△山の中腹で育つので、ミネラル豊富で甘みが強いんです」

そんなことを言いながら、作物の育つ場所や環境まで丁寧に教えてくれたりする。たとえ全国どこでも食べられるような食材であっても、その表情からは「うちのは、他とは違いますから」というプライドが読み取れたりもする。「ここにはきっと、いい農家がいるんだろうな」と思わせてくれるのだ。

日本は、畑と食卓の距離が遠い国だ。それは都会だけの話ではない。自然豊かな地方都市であっても、新興住宅地の住民は、目と鼻の先にある農家とはほとんど接点がなく、子どもたちが田畑に触れるのは総合学習の授業のときぐらいだ、という話もよく聞く。給食に地元産の食材をたくさん使っている自治体は、良い事例としてわざわざ報道されるくらいだ。物理的な距離にかかわらず、生産現場に対して日常的に関心を寄せる消費者はそれほど多くない。スーパーに行けば、世界中の産地から届いた野菜が、季節に関係なくいつでも買える。自分が日々食べているものは誰がどうやって作ったものかを知ることは難しい時代になった。いつでもどこでも同じものが手に入る環境を望んできたのは消費者自身であることを考えると、この流れを変えることは簡単ではないだろう。

「顔が見える農業」という言葉も、独り歩きしている感がある。スーパーや直売所で売られる野菜の袋に生産者の顔写真が貼られているのを目にすることもあるが、私自身は、顔写真の有無で買う・買わないの判断をしたことはない。雑談で直売所の話をしていたとき、浅野さんはこんなことを言った。

「作り手はね、顔写真なんて貼らなくても、自分の顔とか姿を思い浮かべてもらえるような野菜を作ればいい。おれだって、地方の直売所を何の気なしに回ると、ぱっと目がいくものがある。それなんだよ。いろんな生産者が同じ品目を作っているけど、土地も、気候も、状況も違うんだから、全部違うはずなの。作り手の何かが、そこに入っている。人だってそうでしょ。何十年付き合っても、なんかだめだなと思う人はいるし、1回ですぐ意気投合する人もいる。だから相性じゃないけど、そういうのはあるような気がするね」

「いい農家」であること

浅野さんと一緒に畑を歩き、収穫したての野菜を食べるとき、私はときどき自分の父のことを思い出す。

小学生の頃だった。父は突然、都内の自宅の庭の一画で野菜作りを始めた。園芸本と首っ引きで、一から手探りで始めた素人園芸だ。週末になると、私は園芸店でいろいろな資材を買うのに付き合わされ、帰宅すると土を混ぜたり苗を植え付けたりするのを手伝った。

野菜作りは、父のちょっとした趣味になった。1年目が過ぎると、父は庭の隅にコンポスト用の穴を掘り、生ごみ堆肥を作るようになった。木枯らしが吹く夜、誰もいない公園に連れていかれたこともある。腐葉土を作るための落ち葉集めだ。

私はそれほど従順な子どもではなかったが、だいたい父の言うことを聞いていた。なぜなら、そうやって作った野菜を収穫し、その場でがぶりと食べた瞬間のおいしさは、何物にも代えがたく思えたからだ。〝うちのナス〟や〝うちのトマト〟は、スーパーのナスや青果店のトマトとは違っていた。それらを使って母が腕を振るってくれた料理も、自分にとっては特別なものだった。くるりと曲がったキュウリや、ひびが入ったトマト、虫に食われたコマツナは1円の市場価値もないけれど、父が家族のために作った野菜には、浅野さんが言うところの「作り手の何か」が、ささやかながら内在していたように感じる。

私自身も、少し前までベランダ菜園で数十種類の野菜やハーブを育てていた。うまくいったときはもちろん、失敗してもすぐ、「次はこうしてみようか」と考え始めてわくわくしていたものだ。毎日めまぐるしく姿を変えながら生長していく植物の一生を見届けると、一般に認知されている野菜の標準形は、じつはその一生の中のごく一瞬の姿でしかないこともわかってくる。

日々小さな気づきを得ながら、生業として営農する農家を取材するたび、人間ができることの限界と、それゆえの農家の仕事の難しさを思った。誰かのための「いいもの」を追求するのか、経済性や収益性の観点から「いいもの」を産出するのか、あるいはその両輪を走らせる工夫をするのか。そのスタンスの置き方を、良し悪しや正解・不正解で語ることはできない。ただひとつ言えるのは、「手間が価値を生む」という浅野さんの言葉には、小さな農家が生き残るためのヒントがあるのではないか、ということだ。

年間100種類以上の野菜を自社で有機栽培し、個人消費者や飲食店に直接販売する久松農園（茨城県土浦市）代表の久松達央氏は、他産業と同様に農業にも「大淘汰時代」が来ると話す。近著『農家はもっと減っていい』（光文社新書）は刺激的なタイトルだが、その中身は、日本の農家の約8割を占める小規模自営農家へのエールだ。同書の中で久松氏は、「全国のあらゆる生産者が、同じ価値に向かって戦う時代は終わった」と述べ、「同じ時期に同じ規格のものを大量生産するゲームは、それに適さないプレイヤーには勝ち目がありません。己の優位性はどこにあるのか、を見極めた上で販売先を決めていくことが求められます」と説く。工夫を重ね、誰にも真似できない経営を実現できれば、淘汰の時代を生き抜く「小さくて強い農家」になれると久松氏は考えている。

地域の語り手である料理人の傍らには、「いい農家」がいる。それは万人にとってではなく、その料理人にとっての「いい農家」であるということだ。料理人が自身の料理哲学やセンスに合う農家と出会うことは、誰にも真似できない独創的な一皿や、人の記憶にいつまでも残る一皿を生み出す力になる。「いい農家」は、ときに料理人と同じだけの好奇心と探求心を持って、土の中から皿の上まで視界を広げていくことが求められるだろう。それを誰より先にやってみせたのが、浅野悦男という〝変人〟なのだ。

「顔が見える」というのは、消費者から生産者が見えるというだけでなく、生産者からも消費者が見えることを言うのではないかと思う。浅野さんが自分のことを「店のスタッフ」と自負するのは、料理人と、その先にいる来店客（消費者）を見て野菜を作っているからだ。どんな料理を出す店なのか。シェフはどんな人間で、何が得意なのか。どのような客が、どんな動機で来店するのか。畑にいながらにして、浅野さんはサービススタッフと一緒にレストランのフロアに立っているのだ。そして、その店の客に喜んでもらえそうな野菜をシェフに提供する。生産者と料理人が共創した料理を通して「作り手の何か」が食べ手に伝わったとき、三者は「顔が見える関係」で結ばれていく。

人間が食べるという行為と、自然界で動植物が生きていることとの間には、大きな空洞ができてしまっているように感じる。その空洞をわずかずつでも埋めていくための考え方やあり方の一つに、Farm to Table があっていいのではないか。未来の食を担う若い世代の生産者が浅野悦男の背中を追い、その存在を超えていくことはそう簡単ではないかもしれないが、時代やマーケットの変化に応じた追い方、超え方が必ずあるはずだ。生産者と料理人が互いに手を携え、接点を増やしていくことで広がる世界は、いま自分たちが想像しているよりもはるかに大きなものになっていくだろうと私は考えている。

最後に、本書の執筆にあたって直接的・間接的にご協力いただいたみなさまに感謝申し上げます。浅野さんとの自由闊達な対話を繰り広げてくださった奥田政行さん・生江史伸さん・樋口敬洋さん、対談の現場で素晴らしい写真を撮ってくださったタカオカ邦彦さん、いつも優しい笑顔で農場に迎えてくださった浅野正江さん、シェフの方々とつないでくださった柴田泉さん、本書をコーディネートしてくださった神山典士さん、編集を担当してくださった平凡社の進藤倫太郎さん、浅野さんとの思い出やエピソードを語ってくださった方々のお力により、書き上げることができました。ありがとうございました。そして、膨大な取材データに頭を抱える私を見守ってくれた友人、私を食いしん坊にしてしまった家族に感謝します。

成見智子

爺さんからのメッセージ

高校を中退して百姓になり、はや六十余年。一人の人間としていつも心に留めてきたのは、サツマイモの師匠である山田秀光さんから教わった「帝王学三原則」です。

一、原理原則を教えてもらう《ママ》師をもつこと
一、直言してくれる側近をもつこと
一、よき幕賓《ばくひん》をもつこと

このように毛筆でしたためられた紙を、いまでも大切に持っています。

爺さんが勝手に「師」と思っているのは、山田さんのほか、山田宏巳さん、十時《ととき》亨《とおる》さん、生江《なまえ》史《し》伸《のぶ》さんといったシェフの面々、そして、「食猟師」として石巻の牡鹿半島で活躍する小野寺望さんなどです。

小野寺さんはシカやカモを狩猟して自社で処理したジビエを卸販売するだけでなく、牡鹿半島の自然の恵みを享受しつつそれを守っていく活動をしています。東日本大震災で炊き出しに行った先で知り合いました。初めて会った瞬間、「この人は、ただ鉄砲を持って獣を獲る人じゃないな」と直感しました。爺さんがいつも首からぶら下げている鹿角のアクセサリーも、小野寺さんから作り方を習い、素材の提供を受けて自作したものです。人間の都合で奪った命をあますところなくいただき、無駄にはしない。そんな彼のスピリットに深く共鳴します。

「側近」というのは、常にそばにいる人ではなく、何かあったら連絡を取れる人、教えてほしいことがあったらすぐメールを送れるような人のことだと思っています。作家の神山典士さん、この本の共著者である成見智子さんもそうですね。お互いのことがよくわかって親しく話はするけれど、友達とは違う。自分が悩んでいるときなんかに、言葉でアドバイスやヒントをくれたり、ときには注意してくれるような存在です。うんと年下だろうが、子どもだろうが関係ない。なにげない会話の中で言われた言葉が、ふと胸に刺さったりもします。

就農して間もない頃、地元では出荷組合ができましたが、それをまとめていたのが親類のおじさんです。その人が、爺さんにとって初めての「幕賓」でした。「学校もろくに出ていない若造」という扱いだった爺さんの後ろ盾となり、「これからは若い連中にがんばってもらわないとな」と言って爺さんの意見を尊重してくれました。だから、自分のアイデアでわりと自由に挑戦できたと思います。

いろいろな人に育てられ、見守られ、引き立てられてきました。そしてターニングポイントには必ず、良いアドバイスをしてくれる人が現れました。80歳になろうという現在も、まだまだわからないことだらけ。プロの農家なんかじゃないんです。それでも、いろいろな人が畑に出入りしてくれる。他県ナンバーの車がしょっちゅうやってきて、ときには高級外車が停まっていたりするから、近所の人は不思議がっていますが、こんな爺さんでもまだ使い道があるのかなと、ありがたく思っています。だから、「おれが生きているうちはいくらでも利用していい。死んだらもう使えないんだから」と声をかけていますよ。本書の刊行にあたっても、そんな気持ちで語りました。何か一つでも、みなさんの役に立つことがあれば爺さんも嬉しいです。

レストラン向けに野菜を出荷するようになって以来、爺さんはいつも、次の3つの「心訓」を胸に刻んでいます。

一、百姓を金の為にやっている訳じゃない　美味しい、旨いと云われる素材を創る　それが業

一、料理人たるは、素材を知りそれを活かし一つ上の料理を創る　それが業
一、食する者、目で感じ、舌で味わい、脳で酔い、心で満足しなければ旨い料理には会えない　それが業

生産者、料理人、そして食べる人。この三者の業が〝三味一体〟となることは、たぶん生涯に一度あるかないかでしょう。百姓人生は、一期一会。常に何かを求め続けていきたいし、うまくできたなと思っても、そこで終わりじゃない。その先にある、見えないものを見つけにいくことにも意味があると思っています。

だから、人と同じことはしたくない。それが爺さんの原点です。やりたいことをやって、吉と出るか凶と出るかはわからない。けれど、自分の思いを引っ込めたまま生きていたって仕方がない。思い残すことがないよう、死ぬまで変人でいようと思います。

今日も、畑のニンジンでジュースを作って飲んでいます。ニンジンというのは精がつくんですよ。そのうち子どもが生まれるかもしれないので、みなさん出産祝いをご用意ください（笑）。以上、爺さんの戯言《たわごと》でした。

二〇二四年二月　　　　　浅野悦男

参考文献

『食の終焉』ポール・ロバーツ／神保哲生訳、ダイヤモンド社、２０１２年
『食の歴史』ジャック・アタリ／林昌宏訳、プレジデント社、２０２０年
『農家はもっと減っていい――農業の「常識」はウソだらけ』久松達央、光文社新書、２０２２年
『食の展望　持続可能な食をめざして』南直人編、農山漁村文化協会、２０２３年
『ニッポン美食立国論　時代はガストロノミーツーリズム』柏原光太郎、講談社、２０２３年
『土の教え 日本編』矢内純太、藤原勝子、群羊社、２０２３年
『農薬に頼らない家庭菜園　コンパニオンプランツ』木嶋利男、家の光協会、２００６年
『スローフード宣言』アリス・ウォータース他／小野寺愛訳、海士の風、２０２２年
『小さな地球の大きな世界　プラネタリー・バウンダリーと持続可能な開発』J・ロックストローム、M・クルム／谷淳也、森秀幸他訳、丸善出版、２０１８年
『Better Food』VOL.1、モタ／星雲社、２０２３年
一般財団法人 全国落花生協会　https://peanuts-no-hi.jp/
株式会社 増田採種場　https://www.masudaseed.co.jp/
和樂ｗｅｂ　https://intojapanwaraku.com/
豊穣の地、庄内魅力発信ポータルサイト　https://syokunomiyakoshounai.com/

写真出典一覧

タカオカ邦彦　p.49, 53上・下, 103, 205, 207, 210, 217, 221, 226, 235, 241, 245, 251, 257, 口絵 1, 2, 7中右・左, 7下右・左, 8, カバー（人物）
樋口敬洋　p.73下右, 122
大下竜一　p.73下左
柳祐太朗　p109下
（その他は、すべて成見智子）

著者プロフィール

浅野悦男（あさの えつお）

千葉県八街市生まれ。「百姓」を自称する農家。1961 年、農業高校を中退して 17 歳で就農。独自に研究と試作を重ね、1990 年代後半からレストラン向けの西洋野菜を栽培。2023 年、「ゴ・エ・ミヨ」テロワール賞受賞。
https://www.facebook.com/etsuo.asano.5

成見智子（なるみ ともこ）

東京都生まれ。ジャーナリスト。慶應義塾大学卒業後、銀行勤務、旅行情報会社の編集・広報担当を経てフリーに。2010 年頃から、農と食を主たるテーマとし、全国の農家や飲食店、地産地消の取り組みなどを取材。
https://www.facebook.com/narumitomoko

【お問い合わせ】
本書の内容に関するお問い合わせは
弊社お問い合わせフォームをご利用ください。
https://www.heibonsha.co.jp/contact/

Farm to Table
シェフが愛する百姓・浅野悦男の365日

発行日——2024年3月19日　初版第1刷

著　者——浅野悦男・成見智子
発行者——下中順平
発行所——株式会社平凡社
〒101-0051 東京都千代田区神田神保町3-29
電話　(03) 3230-6573［営業］
平凡社ホームページ　https://www.heibonsha.co.jp/
装幀デザイン——三木俊一（文京図案室）
D T P——矢部竜二
印　刷——株式会社東京印書館
製　本——大口製本印刷株式会社

ISBN978-4-582-83957-9
落丁・乱丁本のお取り替えは小社読者サービス係まで直接お送りください。
（送料は小社で負担いたします）